CARREIRA DESCOMPLICADA

João Gonçalves

CARREIRA DESCOMPLICADA

Com hacks para uma Carreira de Sucesso

A Tríade do Profissional de Sucesso

ALTA BOOKS
GRUPO EDITORIAL

Rio de Janeiro, 2024

Carreira Descomplicada

ISBN: 978-85-508-2464-2

Impresso no Brasil — 1ª Edição, 2024 — Edição revisada conforme o Acordo Ortográfico da Língua Portuguesa de 2009.

Dados Internacionais de Catalogação na Publicação (CIP)
(BENITEZ Catalogação Ass. Editorial, MS, Brasil)

G627c
1.ed. Gonçalves, João
Carreira descomplicada : a tríade do profissional de sucesso / João Gonçalves. - 1.ed. - Rio de Janeiro : Alta Books, 2024.
256 p.; 15,7 x 23 cm.

ISBN 978-85-508-2464-2

1. Carreira profissional - Administração. 2. Carreira profissional - Desenvolvimento. 3. Desenvolvimento profissional. 4. Liderança. 5. Sucesso profissional. I. Título.

09-2024/08 CDD 658

Índice para catálogo sistemático:
1. Carreira profissional : Guias : Administração 658
Aline Graziele Benitez - Bibliotecária - CRB-1/3129

Grupo Editorial Alta Books

Produção Editorial: Grupo Editorial Alta Books
Diretor Editorial: Anderson Vieira
Editor da Obra: Rosana Arruda
Vendas Governamentais: Cristiane Mutüs
Gerência Comercial: Claudio Lima

Produtora Editorial: Ana Clara Tambasco
Revisão: Gleise Barbosa e Maria Rodrigues
Diagramação: Junior Santos
Capa: Beatriz Frohe

ALTA BOOKS
GRUPO EDITORIAL

Rua Viúva Cláudio, 291 — Bairro Industrial do Jacaré
CEP: 20.970-031 — Rio de Janeiro (RJ)
Tels.: (21) 3278-8069 / 3278-8419
www.altabooks.com.br — altabooks@altabooks.com.br
Ouvidoria: ouvidoria@altabooks.com.br

Editora **afiliada à:**
ASSOCIADO

SUMÁRIO

DEDICATÓRIA

Aquele amor que preenche. Aquele café sempre fresco. Aquela sabedoria que conforta. A tudo que me ensinaram, doaram e dedicaram. À minha amada mãe, ao meu amado pai, agora sou eu que, com muito carinho, dedico a vocês este livro.

Às minhas queridas irmãs, a todo tempo presentes com otimismo e incentivo, confiantes de que logo adiante um grande trabalho nasceria.

A você que amo, que me completa, companheira de vida, estrada, enfrentamentos e vitórias. Sem hesitar, mergulhou comigo no sonho de escrever. Nem de longe eu chegaria ao fim sem o seu apoio, minha amada esposa Maria Fernanda!

Aos dois carinhas que tanto me ensinam e inspiram. Por vocês, transpiro e respiro. Meus meninos, João Pedro e João Bento, dedico também a vocês e espero que, com isso, sempre se lembrem: a educação é o caminho. Não o melhor, nem o pior, mas o único!

AGRADECIMENTOS

Caminhada boa é aquela que se tem companhia, pois somente juntos construímos grandes feitos.

Enquanto procurei edificar a carreira, muitos caminhos se cruzaram, experiências se somaram, conhecimento foi compartilhado e, penso, é assim que todos crescem, se desenvolvem e evoluem.

Uma carreira nada mais é do que a possibilidade de se desenvolver continuamente e como fruto disso, você sente que está preparado para enfrentar desafios cada vez maiores.

Sou um desses felizardos, por ter encontrado excelentes pessoas e grandes profissionais. Em quase duas décadas de vivência profissional, com centenas de interações nos quatro cantos do mundo e nas mais diversas culturas, muitos ficaram especialmente marcados em minha memória por suas valiosas contribuições. Tenha sido pela colaboração em equipe, pela forma única de gerir, pelas palavras valiosas de mentor ou pelos exemplos que, por si só, iluminaram o caminho. Tenha sido por um feedback, uma validação ou reprovação, uma palavra de apoio em meio a uma difícil decisão.

Trago comigo muito carinho por todas essas pessoas, e mais do que isso, deixo expresso o meu mais sincero e enorme agradecimento. Sem dúvida, gostaria de nomear cada um de vocês, mas precisaria de um livro somente para fazê-lo. Então, sei que você vai entender e ter a certeza de que seu nome está aqui, implícito e admirado!

PREFÁCIO

Sempre que sou convidada por empresas, vejo e ouço queixas básicas que se repetem, seja qual for o segmento ou o porte. Os gestores e seus representantes alegam que os times precisam ser mais comprometidos, compostos por gente que tenha sentimento de dono e assim por diante.

A produtividade, assunto que há anos venho pesquisando no Brasil, em Harvard e em outras instituições mundo afora, quase sempre é outro tema que deixa os empresários preocupados, queixando-se da ausência ou da baixa produtividade de seu pessoal dos setores comercial, administrativo e, às vezes, até mesmo de toda a organização, como se a baixa produtividade estivesse enraizada, formando uma cultura de comportamento difícil de transformar.

Num contexto assim, lutando por um país de pessoas e empresas mais produtivas, não estou sozinha. Eu visto a bandeira da produtividade e cada formador de opinião vai usando as armas que possui para contribuir com a difícil vida empresarial que todo gestor encara assim que se vê frente a frente com a direção de uma empresa ou um negócio.

Dentre esses profissionais dedicados a gerar um país formado de empresas melhores e mais competitivas, há um grupo que também se dedica a inspirar profissionais mais capacitados, gestores da própria carreira, dotados de todos os elementos que o novo mercado disruptivo exige para a formação de uma carreira bem-sucedida. Precisamente nesse ponto, entra João Henrique e sua obra.

Os leitores podem esperar um conteúdo muito abrangente e inspirador, apresentado com organização e método, como se o autor oferecesse várias caixinhas e dissesse: "essa primeira você usa quando desejar uma promoção, essa segunda ao sentir que a empresa deixou de contar contigo, a terceira quando sentir que vem perdendo produtividade".

A recomendação que faço é no sentido de que leia atentamente cada trecho, sem pular para o tema que nesse momento talvez pareça ser mais importante à sua carreira. Digo isso porque o índice foi tão bem organizado que pode ser tentador pensar "ah, mas esse assunto eu já domino", saltando para o próximo. Se você fizer isso, pode acreditar que vai perder algo porque os assuntos estão interconectados e o autor fez com que cada tema e cada "dimensão" da obra preencha algum possível *gap*.

Outro ponto que vale deixar claro é a sua área de interesse na carreira e na empresa, que eu poderia dividir como prefaciadora em três visões.

Visão 1 — Se você é gestor, sugiro que leia com um olhar empático, pensando em seu time e nas demandas gerais versus a sua entrega. No fim, com certeza saberá onde, como e quanto deve melhorar para se transformar no gestor que a empresa e o time merecem. Hoje, tenho a felicidade de liderar um pequeno exército formado por dezenas de pessoas que têm o mesmo propósito, ver o nosso instituto fazendo aquilo que nasceu para fazer, que é liberar o potencial das pessoas para maximizar sua performance e contribuir para um mundo melhor. Temos conseguido resultados memoráveis porque da liderança à ponta de execução, perseguimos o mesmo objetivo, acreditamos e concordamos com os valores da empresa. Assim, gestor(a), minha dica é que aprenda com a obra do João as tantas lições de evolução, mas lembre-se da empatia que citei.

Visão 2 — Se você é um(a) leitor(a) que está buscando ferramentas e recursos para alcançar um alto posto de comando na empresa, minha dica é: aproveite o conteúdo não apenas uma vez. Para a realidade que você vive hoje, algumas sacadas do autor talvez sejam o bastante para alavancar sua carreira. Porém, ao reler a obra dentro de seis meses ou um ano, por exemplo, você provavelmente vai perceber que algumas orientações ignoradas na leitura anterior agora se tornaram a sua prioridade. Ou seja, empresas e pessoas são dinâmicas, então revisite o conteúdo para conferir se tem mesmo colocado em prática aquilo que você já sabe em teoria, pois as oportunidades são assim mesmo, parecem óbvias quando estão no radar, e ficam cada vez mais difíceis assim que paramos de olhar para elas.

Visão 3 — Se você está vivendo uma fase de transição, o livro há de ajudar bastante sob vários aspectos, principalmente no que diz respeito às conexões que deve fazer para a nova posição desejada. Em nosso instituto, formamos muitos profissionais memoráveis que fizeram a transição de áreas diversas. Alguns planejaram cada passo, cada etapa, tal qual este livro ensina. Outros assumiram um risco maior e decidiram mudar de vida sem planejamentos detalhados. Dentre ambos, obviamente, quem se planejou, se informou e viveu cada fase da transição tem maiores chances de ser, como costumamos denominar no Instituto Deândhela, "um divisor de águas por onde passa". Ao seu alcance, estão as soluções para uma transição saudável, então mãos à obra, ou melhor, olhos à obra!

Repare que é uma leitura indispensável por diversas razões, uma oportunidade para entender como construir uma forte rede de conexões e fortalecer *gaps* voltados à produtividade, comunicação, plano de carreira, *network*, liderança, talentos, resultados e tantos outros temas que merecem sua atenção e seu empenho para colocar em prática o que aprendeu ou reciclou.

Sou autora de três best-sellers sobre gestão de tempo, produtividade e comunicação, portanto, sei reconhecer a qualidade que uma obra possui logo nos primeiros capítulos, como foi o caso desta. A você, desejo uma boa leitura e, ao autor, expresso minha gratidão pelo robusto conteúdo que agrega positivismo e excelência aos dois elos mais importantes do mercado: o leitor e sua carreira, a empresa e sua longevidade.

Tathiane Deândhela é escritora, empresária, fundadora e CEO do Instituto que expressa o seu sobrenome. Seus vídeos foram vistos nas mídias por milhões de usuários. Acumula quase vinte anos de palestras e treinamentos ministrados para empresas, além de ter sido convidada a palestrar numa conferência em Harvard e em turnês pelo norte da América e pelo Reino Unido.

APRESENTAÇÃO

Você pode ter enfrentado dificuldades durante a infância e adolescência, há de ter investido anos em estudos (pelo menos uma década e meia) considerando ensino médio, fundamental, técnico e/ou graduação. Quem sabe tenha usado um dinheiro que quase não tinha para pagar a faculdade, ou até tomado algum empréstimo para cursar a graduação.

Seus pais ou responsáveis fizeram de tudo para você estudar, evoluir e ser alguém. Você pode ter lutado por anos sem dormir ou comer direito para cursar uma faculdade e estagiar. Talvez tenha passado noites sem dormir fazendo trabalhos, estudando para provas ou preparando teses.

Ou será que você quis estudar um, dois ou três idiomas, com planos para um intercâmbio e uma experiência internacional? E se vivenciou algo assim, será que rolou uns perrengues lá fora?

Terá investido tempo, energia e dedicação, fazendo renúncias ao longo dos anos para viver o melhor estágio possível e preparar-se para conquistar uma vaga em uma boa empresa? E será que essas renúncias envolveram a ausência da família ou dos amigos, os esportes e hobbies deixados de lado, os cuidados com a saúde procrastinados e assim por diante?

Muitos que se tornam profissionais do mundo corporativo se inspiram no pai ou na mãe, nos irmãos, amigos, empresários e executivos. Foi o seu caso?

Você idealizou acessar o portal e entrou no mundo corporativo? Se o fez, então descobriu que é um lugar onde pode tirar seu sustento dignamente, conhecer e ajudar pessoas, evoluir, desenvolver-se e ver a carreira ascender. Quem passa por essas etapas decerto luta, e luta muito para conseguir uma oportunidade.

Digamos que certa parte ou até mesmo tudo o que exemplifiquei tenha acontecido contigo em alguma medida. Se foi assim, ambos sabemos que muita gente deve ter depositado até este momento muitas (ou todas) as expectativas possíveis em você, em sua formação e evolução. Por isso, o mais natural seria você sentir que não pode falhar, frustrar ou decepcionar essa pessoa, seria supor que precisa chegar "lá" e fazer tudo valer a pena. Porém agora se abre outro mundo desconhecido, quase uma espécie de multiverso, um mundo inteiro de dificuldades, um tempestuoso oceano de possibilidades e dúvidas, o tal mundo corporativo.

Não raro, a mente se torna refém de perguntas que podem se acumular por dias, meses e anos.

Como me posicionar? Como lidar com os outros profissionais? Como planejar a carreira? Como dar o meu melhor e trabalhar para ser promovido? Como cumprir metas tão difíceis? Como aceitar um líder tão diferente de mim? Como? Como? Como?

O único herói capaz de resgatar a mente cheia de dúvidas do cativeiro é um carinha chamado autoconhecimento e que por sua vez é algo que já está em você, é o seu *feeling* que precisa ser despertado, conquistado ou resgatado e espero que a obra diante de seus olhos ajude nessa missão.

Lembre-se: além daquela importante pessoa refletida no espelho todos os dias, muitas pessoas depositaram uma vida de expectativas em você. Por isso, espero que o livro seja uma espécie de presente. Sim, um presente meu para abrir os seus olhos, otimizar caminhos, expandir sua visão e percepção, treinando-as e preparando-as para as diversas situações que esperam por ti em sua carreira.

Meu objetivo é ajudar você, profissional que lutou para chegar até aqui, a ter, manter e aumentar o sucesso ao longo de sua caminhada profissional.

Certo dia, quando a obra ainda era uma embrionária ideia não iniciada, um amigo disse ter entendido que o conteúdo a ser gerado visava trazer soluções para a carreira, porém fez uma pergunta bem específica.

— João, para quem exatamente você vai escrever? É o CEO, o gestor, o executivo, o líder, o colaborador, o estudante?

Pensei com muito carinho na resposta e não escrevi uma linha antes de ter a certeza que agora compartilho com você.

Esteja a pessoa ainda no curso técnico, na faculdade, seja recém-formada ou iniciante no mundo corporativo, na indústria, na vida empreendedora ou acadêmica, esteja estagnada ou patinando sem resultados expressivos, mas dotada do desejo de virar o jogo e ascender na carreira; o livro foi feito, sim, para essa pessoa.

Independentemente da posição ocupada ou desejada, espero preencher os critérios de evolução e desenvolvimento, para que o leitor entenda o dinamismo do mundo corporativo e por consequência, consiga alavancar os resultados de acordo com o que planejou. Logo, não vou entregar uma receita lúdica para você atingir cargos ou patamares mais elevados. Como engenheiro que sou, espero colocar em suas mãos um caminho pragmático, metódico, para que encontre a evolução na carreira com planos, métodos, ações, aferições e conquistas. Perceba, portanto, que existe uma rota a ser praticada e respeitada.

Espero que possa fazer uma leitura calma e estratégica, não como se tivesse em mãos uma biografia ou um romance. Mas como alguém que aprecia com atenção um tutorial que propõe a solução há muito buscada: extraindo *insights*, anotando, sublinhando, gravando para si áudios daquilo que aprendeu e decidiu praticar (se o áudio for seu estilo de aprendizagem). Enfim, que use o fruto da minha dedicação e do meu presente à sua maneira, pensando na seguinte linha produtiva até que vire um mantra: ler, absorver, praticar, conferir se deu certo, celebrar e praticar o próximo passo aprendido. E depois, o que fazer? Outra vez, ler, absorver, praticar, conferir se deu certo, celebrar e praticar o próximo passo aprendido.

Vencer na carreira é uma luta diária e qualquer grande executivo ou empresário pode confirmar isso. Especificamente no dia de hoje, você está vencendo a luta ao decidir pela leitura de um conteúdo que visa agregar valor e descortinar uma carreira de sucesso. Pois bem, agora sim estamos prontos. Boa leitura!

INTRODUÇÃO

Em nome da congruência de abordar um tema sobre o qual estou preparado para mergulhar, descortinar e propor soluções peço sua permissão para falar um pouco da minha íntima relação com esse ambiente. O interesse pelo mundo corporativo foi despertado pela influência paterna.

Funcionário de carreira da instituição financeira mais antiga do país, meu pai pôde ocupar ao longo de sua trajetória diversos cargos e por consequência natural, várias cidades e estados nos serviram de residência durante os inúmeros desafios que marcaram os seus 25 anos de carreira na instituição. Por influência paterna, desde cedo me inclinei por fazer carreira corporativa, pois via ali um caminho próspero e de muitas possibilidades.

Por outro lado, por influência materna, a educação sempre esteve latente em mim, correndo em minhas veias. Seu legado de 43 anos de magistério sempre me mostrou que a educação é a mais poderosa ferramenta de transformação. Não foram poucas as oportunidades em que, ao longo de minha carreira, por influência materna, me dediquei a ministrar aulas, cursos, treinamentos, palestras e, neste momento, quis ainda concentrar todo conhecimento de anos de carreira neste livro, que visa compartilhar conhecimento e agregar valor à jornada de milhares de profissionais. Mais do que influenciadores, considero meu pai e minha mãe as maiores inspirações que tive.

Nos últimos anos da carreira ativa de meu pai, apesar de ter eu saído de casa aos 17 anos para cursar Engenharia Química, tive o privilégio de voltar a morar com ele, desta vez em uma "república". Foi na cidade de Maringá/PR, entre os anos 2002–2006. Eu iniciara a jornada universitária, quando em 2003, por feliz coincidência, meu pai foi transferido para a cidade de Paiçandu, vizinha a Maringá, e isso possibilitou que pudéssemos morar sob o mesmo teto, porém numa mescla de casa/república.

Lembro-me com bastante clareza das nossas refeições, dos cafés da manhã, jantares e das caminhadas pelo estádio da cidade, o Willie Davids, conversando sobre as situações da vida corporativa e de sua carreira. Com profunda riqueza de detalhes, visão analítica e sabedoria, ele compartilhava situações vivenciadas, desafios, decisões, experiências, visões de líder e de liderado.

Durante esses anos de "república", o aprendizado através de sua vivência no mundo corporativo me interessava mais que os conteúdos técnicos recebidos na faculdade de Engenharia.

Mesmo antes de atuar no mundo corporativo, essas conversas já despertavam o meu interesse. Embora não pensasse em atuar no mercado financeiro do qual ele tinha passado a ser *player*, sabia que os desafios e as situações vivenciadas no mundo corporativo se repetem em todos os ambientes e, se olharmos sob uma ótica amplificada, de maneira semelhante.

Em sua narrativa, meu pai trazia situações do dia a dia e me convidada a refletir a respeito de como as pessoas se posicionavam perante desafios em diferentes situações. Numa perspectiva maior, ele mostrava como algumas eram hábeis em se relacionar dentro da empresa e outras não, ou como conseguiam avançar na empresa e outras constantemente estagnavam.

Citava como alguns profissionais conseguiam aprender rápido, ter a sabedoria de ler as falhas dos outros e evitar as próprias, além de outros que simplesmente seguiam qualquer caminho sem direção, objetivo, sem planejamento ou compromisso com a busca pelo crescimento.

Após essas conversas enriquecedoras, pensamentos e reflexões ecoavam em meus pensamentos e, no final do dia, sempre ficava a me questionar: no mundo corporativo, assim como na carreira, qual é a regra do jogo? Como farei para ter sucesso por este caminho aparentemente tão duro e incerto?

Foi pensando nisso que idealizei o projeto literário, refletindo a respeito dos jovens universitários, estagiários, trainees, profissionais atuando como júnior, pleno ou sênior; nos especialistas, gestores, consultores e, claro, nos mais experientes que já possuem algum tempo de estrada. Enfim, espero trazer respostas a todos aqueles que algum dia se perguntaram, tal qual eu o fiz: no mundo corporativo, qual é regra do jogo?

Vamos investigá-las imediatamente. Sim, no plural. A pergunta pode até nascer na mente como "a regra". No entanto, a prática mostra que a resposta indica várias delas.

1

AS REGRAS DO JOGO

Ao longo de quase duas décadas de carreira, tendo passado pela indústria, pelo mundo corporativo, experimentado a sala de aula assim como o empreendedorismo, surpreendi-me várias vezes ao refletir se realmente existiam as tais regras do jogo. A verdade nisso tudo sobre as carreiras no mundo corporativo ou fora dele é que há uma infinidade de regras e incontáveis formas de se jogar.

Ora, entendi que, num mundo com tamanha quantidade dessas regras do jogo e das formas de se jogar, não se dá bem a pessoa que se concentra em regras específicas, mas aquela que estiver preparada para encarar qualquer jogo ou desafio.

Espero compartilhar com você, portanto, o fruto do que aprendi, observei, cataloguei e pratiquei: um arsenal de ferramentas, *insights*, dicas e exemplos que ajudarão a se preparar para qualquer jogo no mundo corporativo, seja qual for a empresa ou o contexto. Esses *insights* são baseados na experiência vivencial, na observação constante, em pesquisas e leituras de obras relacionadas ao tema, *feedbacks*, sessões de *mentoring*, dentre tantos outros *inputs* que pude absorver, digerir e aplicar ao longo de anos.

Aproveito ainda para propor que expanda a sua visão quanto ao conteúdo da obra, pois os profissionais que podem se beneficiar com as soluções disponíveis não necessariamente são os que visam trabalhar ou já trabalham em empresas multinacionais.

Minha intenção é agregar valor aos profissionais do setor público, concursados, empreendedores, empresários, profissionais que atuam em empresas pequenas, médias, grandes, familiares, entre tantas outras, pois o conteúdo foi criado para ser versátil e amplo, de modo a impactar positivamente diferentes realidades e segmentos de atuação.

Você deve ter percebido que as regras do jogo dependem, em resumo, da sua capacidade de jogar à luz da versatilidade, com disposição para o desafio que vier, seja qual for a dimensão desse desafio e adiante vamos aprofundar o tema, para que não reste qualquer dúvida. E por falar em dimensão, vamos a ela?

1.1 AS 3 DIMENSÕES NA CARREIRA

Para tornar a sua experiência mais agradável, quero convidar você a contemplar a sua carreira tal qual observamos o trânsito, seja na cidade, estrada ou zona rural.

Primeira Dimensão – O Profissional e a Autogestão

O profissional está para a empresa como o carro está para a estrada. Essa será a nossa primeira dimensão do mundo corporativo e pode acreditar: a estratégia metafórica que traça a analogia entre o profissional, o trânsito e a estrada há de facilitar a sua compreensão.

Quando está dirigindo um carro, aos poucos você sabe que a máquina tem determinada potência e chega a certa velocidade. Reconhecendo cada item de segurança ou conforto e dotado de tal conhecimento, os seus próprios recursos combinados aos do veículo possibilitam seguir o caminho que preferir.

Já você, profissional, também tem sua caixinha de ferramentas que dará suporte e condições para guiar a carreira e jogar qualquer partida, ou mesmo múltiplas partidas que venha a escolher.

Você possui conhecimento em alguma(s) área(s) específica(s), com mais ou menos experiência, domina ferramentas tecnológicas, de gestão, de processos. Tem ainda certas habilidades específicas, pontos fortes a serem potencializados e pontos fracos a serem trabalhados.

Nessa primeira dimensão, olharemos apenas o carro, unicamente, sem pensar ainda nas interações com os demais carros e outros meios de transporte. Sem pensar nas ruas, avenidas, tampouco no trânsito em geral.

Por enquanto, precisamente sob a ótica do profissional, nesta primeira dimensão trarei reflexões sobre *ownership* (sentimento de dono), produtividade, adaptabilidade, plano de carreira (plano de viagem), entre outros; todos avaliados por uma perspectiva muito mais ligada à autogestão.

Vamos à próxima?

Segunda Dimensão – Gestão Estratégica dos Relacionamentos

Nesta dimensão, pensaremos no carro já transitando pela cidade, o que exige outro nível de atenção. Você, motorista, precisa cuidar não apenas de si, mas dos demais condutores. O trânsito é uma dança de carros, cada qual com um destino diferente.

Olhando o movimento da mesma avenida, embora instantaneamente os carros pareçam seguir na mesma direção, cada qual tem o próprio motorista, destino, velocidade, característica ou maneira de dirigir.

Pensemos na visão do profissional, enquanto indivíduo, interagindo com a sua equipe, os líderes e os profissionais de outros departamentos. Agora, a autogestão sozinha já não é suficiente, pois o profissional interage com outros profissionais no dia a dia, assim como o carro está agora em trânsito e não mais estacionado na garagem.

O sucesso do profissional dependerá não só da habilidade para fazer a autogestão, ser produtivo e eficiente. Carece também da inteligência e estratégia para relacionar-se com os demais profissionais dos diversos níveis da organização.

Pensando nisso, na segunda dimensão abordarei temas como alianças duradouras, feedbacks, micro e macrogerenciamento, liderança indireta, liderando reuniões, reuniões 1-on-1, compartilhamento de responsabilidade, capacidade de aprendizagem, entre outros que vão além do profissional, mas que dependem de interação.

Vamos ao resumo da terceira?

Terceira Dimensão – O Profissional e a Empresa

Além de estarmos em trânsito, passamos a enxergar nosso carro percorrendo ruas, avenidas, estradas, qualquer que seja o caminho. No trajeto, placas de trânsito nos orientam. Esse caminho é a empresa na qual você, profissional, trabalha.

A empresa está em constante adaptação para moldar-se ao mercado, ao cenário econômico, à mudança de pessoas, de líderes, ao surgimento de concorrentes, ao aumento da competitividade.

Enfim, assim é o empresariado: busca responder às mudanças da melhor forma ou da maneira que as circunstâncias permitam, para que se mantenha rentável e prospere.

O motorista do carro, que deseja chegar ao seu destino, dirige pelas ruas seguindo placas de trânsito, desviando dos buracos, fazendo curvas, passando por túneis, porém seguindo sempre pela via, seja rua, avenida ou estrada. Nesta dimensão, olharemos para a empresa como se fosse a representante desse caminho.

Abordaremos ainda dimensões que envolvem profissionais e empresa, carro e estrada, deixando o trânsito no plano anterior.

Em resumo, mesmo que você já tenha refletido sobre a autogestão na primeira dimensão, sobre o profissional e suas interações na segunda, vamos trabalhar agora em como que a empresa enxerga o ser humano?

Espero oferecer respostas para questões fundamentais: o que a empresa espera de você? Será que você não confunde as expectativas da empresa e das pessoas? Já refletiu a respeito de como a empresa percebe, mede e enxerga o seu valor? E, de fato, no final do dia, poderia dizer que consegue ter o seu valor percebido para crescer, prosperar na carreira e ser promovido?

Como aproveitar melhor a leitura das dimensões

Considerando que o principal objetivo é compartilhar insights sobre o mundo corporativo, utilizarei narrativas pessoais, histórias que vivenciei, participei e assisti. No entanto, em alguns casos, personagens e panos de fundo das narrativas serão alterados para assegurar a privacidade dos envolvidos, sem qualquer prejuízo para o que realmente importa: a mensagem endereçada ao final.

No caso dos exemplos pessoais, um esclarecimento. Saiba que meu objetivo é meramente ilustrativo, algo como um meio ou uma ferramenta para entregar a você um insight que agregue valor. Portanto, ao compartilhar exemplos pessoais, longe de mim trazer qualquer formato de autopromoção. O livro nasceu destinado a ser para você e não sobre mim.

Finalizando essas orientações especiais, o conteúdo foi organizado de maneira lógica, respeitando as 3 Dimensões para uma Carreira de Sucesso. O objetivo central é dar ao leitor flexibilidade para realizar uma leitura direcionada conforme sua dimensão de interesse ou o momento profissional que esteja vivendo, não necessariamente na sequência numérica direta das páginas.

Por fim, quero desde já fazer um acordo de compreensão: para evitar que a obra precise ter parênteses a todo instante, assim, por exemplo: feito para o(a) colaborador(a), usarei a posição "o" para efeito de mera exposição do texto e dos argumentos, mas saiba que você está representado(a) seja qual for a sua identificação.

2
DIMENSÃO 1 – AUTOGESTÃO

2.1. OWNERSHIP – SENTIMENTO DE DONO

Da mesma forma que acontece em nossa vida fora do trabalho, quando se atua no mundo corporativo, o sentimento de dono é determinante para que se tenha sucesso e se possa prosperar.

Alguma vez você já precisou levar o carro ao mecânico? Ou ainda, teve problema com a sua geladeira e precisou deixá-la no conserto?

Em qualquer dos casos, ao deixar o bem para ser reparado, é improvável que saia minimamente sem algumas informações que, para você, são de extrema importância. Por exemplo:

Qual é o verdadeiro problema?
Quais as peças a substituir e o que precisará ser feito?
Quando ficará pronto?
Quanto custará?
Quanto tempo de garantia do serviço pós-conserto?

Você possui total interesse de que o item seja reparado no menor tempo possível, ao menor custo, e que fique perfeito. Um tempo excessivo no reparo do carro, por exemplo, demandará a utilização de carros de aplicativo, carona, aluguel de carro, transporte público e outros meios que resultarão em custos extras e possíveis inconvenientes.

Quanto mais tempo levar o conserto da geladeira, maiores os transtornos. Você provavelmente comerá fora e terá aumento nos gastos, além do desconforto de não ter disponível a qualquer momento os itens de consumo com os quais está acostumado.

Alguns donos ainda pedem desconto na peça ou no valor do serviço, solicitam redução de prazo e fazem *follow-up* constante com a loja, para saber quando ficará pronto.

Em resumo, quando se trata de algo seu, o sentimento de dono ocorre naturalmente, quase por instinto, e cada pessoa consegue expressá-lo com propriedade porque tem esse caráter de interesse próprio.

Ora, em nossa vida como profissionais, nas empresas para as quais trabalhamos, quem deveria ter esse sentimento de dono então?

Todos. Simplesmente todo e qualquer profissional deve ter, manifestar e amplificar o sentimento de dono em suas atuações como profissionais, independentemente do cargo ou nível ocupado na organização. Seja você júnior, pleno, sênior, estagiário ou executivo. Além disso, não se deve esperar que apenas a liderança da empresa onde você trabalha tenha o sentimento de dono.

Se você faz parte de uma organização, então responsabilidades, demandas, metas, expectativas empresariais e entregas fazem parte do dia a dia. Por isso, mesmo sem necessariamente assumir posição de liderança, é preciso que tenha e pratique o sentimento de dono para o bem de ambos, o seu e o da organização.

Quando esse *Skill* é desenvolvido e trabalhado, contribui em muitos aspectos certamente ligados ao seu sucesso profissional, desde o êxito no cumprimento dos prazos de entrega e da qualidade esperada pelos trabalhos, até a capacidade de priorização e a negociação de prazos.

Além disso, você também terá sempre um olhar para a questão dos custos, buscando otimizar gastos e trazendo resultados para que a empresa se mantenha lucrativa. Esse conjunto formado por perspectiva e ação dirá muito sobre você à empresa, e ajudará a construir sua credibilidade, mostrando que possui maturidade profissional, seja qual for a posição ocupada.

Por outro lado, ao contrário do sentimento de dono, há o que chamo de sentimento de inquilino, isso sim é extremamente perigoso tanto para o colaborador quanto para a empresa. Nesse caso, o colaborador, analogamente a um inquilino, que transfere determinadas responsabilidades para o respectivo dono do imóvel, entende que os cuidados com prazo, custos, qualidade e geração de resultados são inerentes a outros cargos, ou à liderança, dissociado do sucesso da organização.

Esse é o profissional que espera as coisas simplesmente acontecerem, contanto que o seu digníssimo salário caia no final do mês e que não tragam o menor problema para ele.

Quando a predominância do colaborador é pelo sentimento de inquilino, dificilmente será visto como alguém com potencial para se desenvolver, prosperar e crescer na companhia, além de que haverá prejuízos para ambos os lados numa relação de curto, médio ou longo prazo.

Dessa forma, avaliando diferenças, desvantagens e benefícios entre sentimento de dono e sentimento de inquilino, a pergunta que talvez ocorra por aí é a seguinte:

Como devo então aprimorar e desenvolver minha visão, postura e abordagem para ser percebido de forma positiva?

De maneira simplificada, lembre-se sempre de ter dentro de si uma pergunta que faz toda a diferença antes de tomar uma decisão:

E se isso fosse meu?
E se fosse eu que precisasse disso feito?

Lembre-se dos exemplos do conserto do carro e da geladeira. Quando receber uma demanda, procure se municiar de perguntas importantes e encontrar as respectivas respostas antes de providenciá-la:

O que precisa ser feito?
Quando precisa ser entregue?
Qual formato de solução é esperado de mim (relatório, apresentação, planilha, e-mail)?
Que estratégia vou usar para que fique o melhor possível?
Dependo de alguém ou de algum setor para colher informações úteis à demanda?

Lembre-se ainda de fazer acordos, se necessário: uma revisão com o gestor antes da entrega final, um compartilhar do status intermediário para gerenciar melhor as expectativas de quem solicitou ou informar que algo saiu do escopo inicial e precisa ser reconsiderado.

Todas essas perguntas e respostas são boas práticas para desenvolver o sentimento de dono, além de garantir que as expectativas sejam atendidas e os trabalhos feitos de forma assertiva, evitando retrabalho e problemas de comunicação.

Essas e tantas outras perguntas a depender, é claro, de cada situação, garantem que o trabalho seja realizado da forma mais assertiva possível, minimizando a possibilidade de erros e atendendo às expectativas tanto do gestor quanto da organização.

Pois é, falando assim parece algo muito básico. No entanto, posso dizer que durante toda a minha trajetória profissional e até hoje, vi e sigo a constatar incontáveis exemplos da falta de sentimento de dono, seja por parte do colaborador ou do gestor.

Colocando em perspectiva, muitos problemas que se repetem no dia a dia da vida corporativa são oriundos da necessidade de praticar o sentimento de dono. Alguns exemplos:

1. Falta de recursos para fazer determinado trabalho ou cumprir os prazos – sem pensar como dona, a pessoa queima recursos ou verbas e a consequência direta é a escassez de recursos, que acaba comprometendo prazos;
2. Entrega do trabalho com padrão diferente do que fora pedido – sem pensar como dono, em vez de pensar ou agir com a máxima performance, a tendência é entregar as demandas como meras tarefas que garantem um salário;
3. Gasto superior ao previsto – sem os recursos suficientes do item A, é comum que o profissional procure seu gestor, solicitando a aprovação urgente de novas verbas, serviços emergenciais, horas extraordinárias do time e assim por diante.

Como farei de maneira habitual, fecho a sessão trazendo um exemplo real de quão importante é desenvolver e praticar o sentimento de dono.

Certa vez, trabalhava como engenheiro em uma fábrica de fertilizantes e recebi uma ligação inusitada do diretor industrial, hierarquicamente três níveis acima, dizendo que desejava saber sobre o projeto de determinado fertilizante sólido na forma líquida, alegando que o mercado havia mudado e os clientes estavam pedindo.

Com vergonha, não tinha respostas imediatas às perguntas que ele me fez. Sendo responsável pela unidade de produção naquela ocasião, sabia que o projeto seria mais complexo do que parecia, porém tudo precisava ser bem mais avaliado. Por fim, antes de desligar, tive o cuidado de pedir um tempo adicional para que eu pudesse trazer a ele informações preliminares sobre a solicitação.

Com prazo negociado, comecei a aprofundar-me nas conversas internas, estudando e pesquisando a demanda a fundo. Constatei o que precisava ser feito para disponibilizar aquele novo produto: desenvolver um projeto mais complexo, bem avaliado, calculado, estratégico e organizado, envolvendo tecnologia, engenharia e segurança.

Antes do prazo acordado, liguei para o então diretor, dessa vez dotado de informações suficientes para atualizá-lo e solicitar os recursos necessários para o projeto. Na conversa, não precisei de mais do que dois minutos para apresentar a complexidade do projeto: pedir suporte com relação às pessoas de diferentes departamentos que deveriam participar, especificar quanto tempo levaria, mostrar os pontos críticos e apresentar o valor do suporte a ser disponibilizado sob a forma de recursos financeiros, àquele tempo da ordem de sete dígitos.

A breve conversa com o diretor só foi possível porque ele tinha, implicitamente, confiado a mim a tarefa de reunir informações, permitindo que me sentisse o dono e movimentasse a organização em busca das respostas que precisava oferecer ao diretor. A experiência foi um dos exemplos mais marcantes, no início da minha carreira, sobre a importância do sentimento de dono e o término da experiência, especialmente pela bem-sucedida conclusão.

O desfecho da vivência foi a chance de liderar a implementação de um projeto de grande sucesso na organização, com o benefício de ser o responsável por idealizá-lo e concretizá-lo de modo viável, rápido, seguro e bastante rentável para a companhia.

Perceba que ao oferecer a você o sentimento de dono como uma das soluções para ascender na carreira, não ofereço uma simples teoria extraída de outras obras, e sim a experiência de sentir e viver na própria pele o impactante poder desse recurso.

Agora sim, inspirado pelas lições sobre o sentimento de dono, você está pronto para avaliar o papel e a influência dos primeiros noventa dias de uma experiência no mundo corporativo, o nosso próximo passo.

2.2 OS PRIMEIROS 90 DIAS

A expressão tem sido utilizada dentro e fora do mundo corporativo, tornando-se bastante popular. Você há de ter escutado na mídia ou em outros espaços versões diferentes dela. Por exemplo:

United States President first 100 days;
Primeiros 100 dias de governo do presidente;
Primeiros três meses do executivo "Paulo Dias" no cargo.

Não é necessário julgarmos se a melhor referência é três meses ou cem dias, pouco interfere nos *insights* que desejo compartilhar com você. A título de reflexão, adotemos por referência os primeiros 90 dias.

Como se pode deduzir, a expressão é comumente relacionada aos primeiros dias da figura do líder à frente do novo cargo, pois o senso comum sugere que esse período inicial é suficiente para que o personagem da liderança mostre a que veio, revele seus talentos e respectivos resultados. Durante o período, há grande expectativa pelos resultados concretos da nova gestão, no sentido de identificar possíveis e importantes mudanças na composição da equipe, nas estratégias ou até mesmo no eventual redirecionamento do negócio.

Os subordinados, por sua vez, nutrem altas expectativas para saber como será o ambiente de trabalho com o novo líder e decerto ficam esperançosos para que seja uma pessoa agradável, dinâmica, gentil e competente. Em outra perspectiva, acionistas, especialistas do mercado financeiro e, às vezes, até concorrentes alimentam suas projeções, quase sempre altas. No fim, todos querem a mesma informação, se o CEO será capaz de entregar e até superar os resultados esperados. Por fim, o período inicial é o tempo em que, além da avaliação prévia do novo líder e sua gestão, se ele será hábil para reverter o jogo ou se fará mais do mesmo.

Há anos venho refletindo sobre o tema 90 dias. Essas reflexões, somadas ao constante exercício observacional que venho fazendo no mundo corporativo ao longo da carreira, me fizeram entender claramente que não apenas os novos líderes, gestores e executivos devem ter um bom plano, um método para se organizar e ser bem-sucedido em seus primeiros 90 dias após a mudança seja para uma nova posição ou para outra empresa. Todo e qualquer profissional, dentro ou fora do mundo corporativo, deve preocupar-se e ter um plano bem definido para causar ótima impressão durante os primeiros três meses, seja após uma mudança de cargo, de responsabilidade dentro da mesma organização ou mudança de empresa. Dentre outros que veremos adiante, este é um ponto que separa o profissional mediano do profissional diferenciado, do talento da companhia.

Não precisa ser líder para ter um plano de transição e tornar-se capaz de acelerar o aprendizado na nova função, aumentar suas conexões pessoais, entre outros pontos. Qualquer profissional que pretenda ser bem-sucedido deve ter em mente alguns aspectos importantes que ajudarão a mostrar o seu talento e a construir sua reputação logo de início, sendo um deles essa preocupação com os primeiros 90 dias.

Foque no novo desafio: as conquistas que você teve na carreira, as relações que construiu e o conhecimento que adquiriu certamente ajudaram na transição de função, promoção ou mudança de emprego. Usando uma figura de linguagem, pense nisso como uma ponte que leva você à outra margem do rio. Para que possa aproveitar bem o que terá disponível do lado de lá do rio, deverá antes fortalecer ou, se for o caso, até explodir a ponte, buscando olhar apenas para o que está do outro lado. Ou seja, precisamos: a) dar um novo significado para o passado que te ajudou a chegar até ali; ou b) romper com esse passado que é página virada. Essa mentalidade faz com que o profissional evite prender-se à função exercida na empresa ou no negócio anterior.

Comece antes, usando a mente: embora pareça meio básico, cabe validar que o suposto básico nem sempre é tão óbvio. Quando estiver prestes a mudar de posição, função ou responsabilidade busque tudo o que puder sobre a nova posição, sobre a nova empresa ou nova área que irá atuar. Faça exercícios preliminares, projetando-se mentalmente na nova função, imaginando-se com outras pessoas, outra equipe, outros líderes.

Tamanha "virada de chave" é importante para que consiga mergulhar de cabeça no novo momento para manter-se focado, produtivo e efetivo.

Reflita sobre os seus *gaps* versus a nova fase: é comum, e até esperado (já que a natureza do ser humano é imperfeita), que o profissional tenha gaps em relação à próxima função a exercer; gap de conhecimento técnico, de alguma competência que merece e precisa ser trabalhada, ou de alguma ferramenta que precisará dominar para executar a próxima função e outras mais. No entanto, grandes profissionais se antecipam, fazem essa análise antes mesmo de assumir a nova cadeira, justamente para causar impacto positivo perante a nova equipe, empresa ou líder. É assertivo fazer este exercício antes, numa espécie de autodiagnóstico, em vez de esperar meses ou mesmo um ano até que se tenha uma sessão de feedback formal da empresa, para somente então escutar do gestor quais gaps precisa trabalhar.

Lembre-se ainda que aprender com o erro e a experiência dos outros é sinal de sabedoria. Ser bom observador e aprender também com as experiências alheias certamente poderá acelerar seu processo de construção e amadurecimento na carreira. Use essa sabedoria a seu favor e antecipe-se ao máximo para ser bem-sucedido e demonstrar a competência que possui para o novo cargo. Uma reflexão pode nos ajudar no aprofundamento da ideia:

> *Não basta saber e tentar demonstrar que é competente. É preciso ser eficiente na demonstração dessa competência e somente os números não bastam, pois as pessoas precisam ver que você se esforça previamente para ser melhor a cada dia.*
>
> *(GONÇALVES, João. 2024)*

Construa suas conexões: em qualquer transição, a exemplo dessas que comentei e de outras que virão até o fim do trabalho, o fato é que os seus próximos passos poderão ser facilitados (ou dificultados) por pessoas e não por circunstâncias.

— João Henrique, eu não tive muita sorte. Mudei para uma empresa de ramo diferente e um mês depois, uma crise foi deflagrada nesse novo setor. Ficou difícil manter boa performance!

Sim, o argumento que este rapaz usou comigo certa vez foi válido, mas eu não poderia deixá-lo sem resposta:

— Entendo a situação que vivenciou, porém precisamos entender que o empresário não quer argumentos, e sim resultados. Você poderia ter se concentrado nas possíveis soluções que a empresa ofereceria durante a tal crise e pelo que me diz, colocou todo o seu foco nas circunstâncias, digamos assim, na "má sorte" que teve. Agindo assim, qualquer profissional fica com a visão turva e só consegue ver crise diante de si.

Percebe como o óbvio às vezes se esconde, leitor? Você será recebido por alguém, apresentado a alguém novo e terá que relacionar-se com essas pessoas novas. A respeito disso, gosto de alertar as pessoas para que dediquem tempo escutando a quem for apresentado, demonstrando **interesse verdadeiro** pela realidade dela. Pergunte onde atua, o que faz parte de sua rotina, se há alguma coisa que poderá fazer para tornar o trabalho dela mais assertivo. É o típico posicionamento que abre portas e transforma problemas em soluções.

Você deve reproduzir um mapa mental, ou mesmo real, de como essas novas pessoas estão posicionadas na nova área ou na nova organização em que irá trabalhar. Aproveite para entender que tipo de influência determinada pessoa tem em relação aos demais, em relação à equipe e à liderança, o que será estratégico para que consiga transitar pela nova área e ser capaz de desenvolver a boa gestão dos relacionamentos. Como benefício principal, saberá utilizar adequada e eticamente a estrutura, facilitando o caminho para acelerar a sua caminhada inicial.

Vou compartilhar um aprendizado pessoal para ajudar ou inspirar o seu cotidiano de relacionamentos corporativos. Por sinal, foi adquirido durante os anos em que atuei como *Sales Account Manager* na América Latina e por trabalhar com vendas do tipo B2B *(business to business)*, tinha como clientes grandes organizações, empresas estatais, multinacionais, nacionais e basicamente, dentre essas estavam as maiores companhias de cada país na América Latina.

As vendas costumavam ser bastante estratégicas, envolvendo ou dependendo do relacionamento desde os níveis pragmáticos (engenheiros e técnicos) até os níveis executivos de tais clientes (gestores, diretores e cargos afins). Sendo assim, em pouco tempo, ao espaço de poucas reuniões, competia-me identificar na organização as pessoas-chave, reconhecer os níveis de influência de cada indivíduo dentro da sua área de atuação, fossem técnicos, gestores ou executivos, além de entender como aquela pessoa poderia participar dentro do processo de venda. Com o mapeamento concluído, o processo de vendas acontecia de forma mais fluida e com maiores chances de sucesso, pois eu passava a entender em detalhes quem poderia oferecer apoio ou resistência dentre esses profissionais, em cada posição que atuavam, de acordo com sua influência individual ou coletiva.

Essencialmente, é o típico exercício que recomendo ao assumir uma nova posição, por três motivos:

a. facilita seu caminho e sua integração com as pessoas e as tarefas;
b. acelera o ritmo dos resultados pelos quais todos criam expectativas;
c. aumenta suas chances de êxito nas novas atribuições.

Acelere seu aprendizado: a aceleração do aprendizado é um processo que será obtido a partir da conjunção das dicas já compartilhadas, mas se fortalece com um sólido plano de ação. Recapitulando, identifique os gaps nos quais você precisará focar no início e construa conexões pessoais que serão facilitadoras de todo o processo. Por fim, construa um plano de etapas e datas bem definidas a serem cumpridas dentro do primeiro trimestre. Tais passos guiarão você, para que possa manter o foco durante o período inicial.

Compartilhe seu plano: tão importante quanto às demais ações é buscar suporte, seja de um líder da área, do novo gestor ou de um colega de trabalho mais sênior, para compartilhar o seu plano e contar com o olhar de outra pessoa, partindo de um conceito básico:

> *Quem enxerga de fora pode evitar a miopia daquele que somente vê o que está perto ou dentro.*
>
> *(GONÇALVES, João. 2024).*

Esse compartilhamento tem força o bastante para revelar e validar que o plano está realmente na direção correta, se por acaso está desconexo, pouco factível ou incompleto. Lembrando que, por ser novo na função ou empresa, você tem ainda uma visão bem preliminar e parcial do todo, o que justifica essa validação de um *insider* que já tem a visão mais ampla daquele contexto ainda recente para você, e que certamente agregará valor, contribuirá para que tenha um bom plano e siga num bom ritmo. Sem contar que, é bem possível, a pessoa que ajudará sinta enorme satisfação por fazê-lo.

Vamos agora explorar a amplitude da produtividade?

2.3 PRODUTIVIDADE

Quando olhamos para os nossos dias de trabalho repletos de pressão sob diversos formatos, deparamo-nos com incontáveis tipos de atividade que requerem atenção. São reuniões, relatórios, apresentações, estudos, atividades administrativas, projetos, *follow-ups*, e-mails, treinamentos, gerenciamento de agenda, intercâmbio setorial, busca de informações, procedimentos, entre tantos mais.

Além das atividades, demandas surgem de diferentes direções, vindas do gestor imediato, dos pares, da equipe de projeto, de terceiros, dos outros líderes da organização e, claro, de demandas da própria empresa. Tamanho volume de atividades e *inputs* que chega a cada profissional a todo instante precisa ser ordenado, priorizado e processado de tal forma que, no final do dia, se transforme em resultado para a empresa.

Se levarmos em conta a rapidez com que cada profissional enfrenta o processo de ordenar, priorizar atividades e executá-las, conclui-se que estamos falando de eficiência. Ora, olhando além da realização dessas tarefas, transcendendo até a energia investida e o resultado obtido, então falamos de produtividade.

O tema produtividade sempre despertou minha atenção profissional, principalmente por entender desde o princípio que ser alguém com alta produtividade seria essencial para me desenvolver, destacar e crescer no mundo corporativo, o que me fez dedicar anos de vida aos estudos, a conhecer e utilizar métodos diferentes, o que me motiva a escrever para que você também tenha semelhante oportunidade.

Durante o processo, além de conhecer vários métodos, posso partilhar o principal aprendizado: para se tornar alguém produtivo é necessário experimentar e, em seguida, transformar o que deu certo em hábito.

Se você nunca teve a oportunidade de conhecer algum método específico que ajuda a tornar-se uma pessoa mais produtiva, há vários que são incríveis, como os 7 hábitos das pessoas mais eficazes, *Get Things Done* (GTD), Regra dos 3, Técnica Pomodoro, entre outros tantos.

Por outro lado, por ser alguém que já se aprofundou em todos esses métodos e mais alguns, posso dizer que você poderá se sentir plenamente confortável em utilizar apenas um, a depender da natureza da sua atividade, do estilo de vida ou da personalidade. Ou, ainda, você entenderá que utilizar ferramentas ou princípios trazidos por diferentes métodos pode funcionar melhor do que utilizar apenas um método. Sabe por quê? Ao testar diferentes métodos e técnicas, aumentam as chances de conhecer e identificar o que torna você plenamente produtivo, no controle de tudo aquilo que precisa fazer, em vez de ser refém das circunstâncias e atuar sem protagonismo.

Vejamos um exemplo canadense. Chris Bailey, autor do livro *O Projeto da Produtividade*, narra o seu processo de aprendizado a respeito de como ser uma pessoa extremamente produtiva e masterizar seu desempenho. Para isso, Chris investiu um ano em diversos experimentos produtivos, com o objetivo de testar várias ferramentas, sobretudo em condições extremas. Como: testou seus resultados trabalhando poucas horas por dia e, em cenário oposto, chegando a 90 horas por semana. Testou assistir e absorver conteúdo de 70 horas em TED Talks, além de meditar cerca de 35 horas por semana. Fez ainda vários testes que resultaram no conjunto da obra.

Em resumo, durante seu projeto de produtividade, o autor fez exatamente isso: experimentou variadas maneiras de fazer algo e implementou, transformando em hábito, o que trouxe melhor resultado. O que me faz perguntar em sentido de desafio: se Chris fez isso com sucesso e esse humilde autor também replicou a técnica, encontrando ótimos resultados produtivos, que tal você começar também?

Além disso, o entendimento da produtividade se tornou mais amplo e profundo do que simplesmente a técnica outrora utilizada no dia a dia para organizar sua *to-do list* (lista de tarefas).

O próprio Bailey define que produtividade não é apenas a maneira com que se gerencia o tempo, mas, sobretudo, como se faz a gestão da atenção, do foco e do nível de energia para uma vida produtiva e equilibrada.

Gerenciar sua energia é uma ação diretamente relacionada à qualidade do sono, ao seu ciclo biológico, à alimentação, condições de saúde e eventual prática de esportes. A somatória ou o isolamento desses eventos costuma indicar a quantidade de energia que se tem disponível para o cotidiano profissional.

Longe de fazer qualquer julgamento sobre estar certo ou errado, avaliemos pela perspectiva do estilo de vida: algumas pessoas têm o seu melhor nível de energia (que também podemos entender por máxima disposição) pela manhã, outras nos períodos vespertino ou noturno. Há quem sinta que está com alto nível de energia após determinado esporte na primeira hora, enquanto outros se dizem exaustos após a prática de exercício, seja qual for o horário.

O gerenciamento de atenção corresponde a tudo aquilo que obtém ou rouba sua concentração durante o dia, desde as distrações, como o tempo gasto em redes sociais, jogos ou sites alheios ao trabalho, a quantidade de ocasiões em que acessa o celular, as tantas vezes em que confere a caixa de entrada do e-mail durante o dia e assim por diante. Ou, quem sabe, ao dar atenção a coisas que trazem algum valor a você, como a leitura de livros, artigos, a realização de um trabalho que vai gerar resultados efetivos, uma palestra, um estudo específico etc.

Pois bem, para se tornar produtivo, é imprescindível passar por um processo de aprendizado e autoconhecimento que percorra os três campos: tempo, energia e atenção. A fim de reforçar e inspirar seus caminhos, vou oferecer insights sobre cada um deles.

Produtividade =

Gerenciar Tempo + Gerencia Energia + Gerenciar Atenção

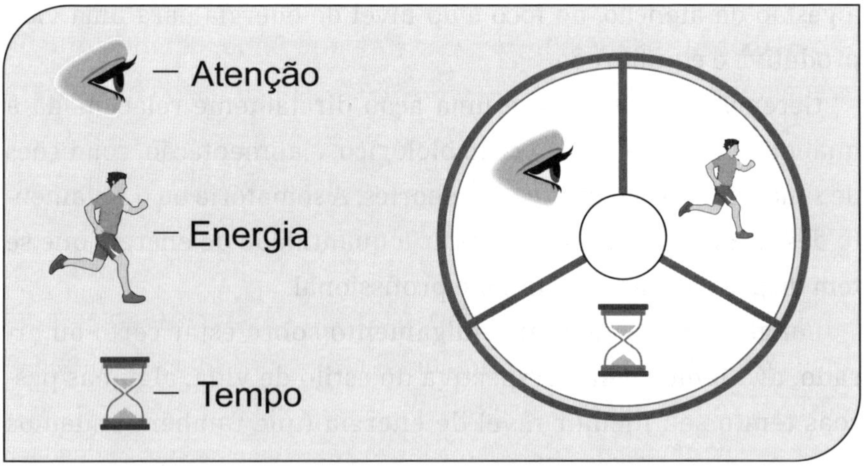

Figura 1 – Tríade da produtividade.
Fonte: elaborado por João Gonçalves.

2.3.1. Gerenciando seu tempo

Costumo dizer que:

> *O tempo é um dos mais democráticos recursos, pois seja qual for a condição, classe social ou o estilo de vida, qualquer pessoa tem direito às mesmas 24 horas do dia.*

No entanto, cada pessoa distribui e aproveita o tempo da forma que pode, necessita ou deseja. Com isso, a diferença entre eu, você e o presidente dos Estados Unidos é o que fazemos nessas 24 horas, dia após dia, ano após ano, alinhando decisões, inteligência e estratégia. Isso é o que define ou separa quem consegue sucesso e quem passa a vida inteira tentando.

Neste contexto, o gerenciamento do tempo possui um papel de grande importância por possibilitar a qualquer pessoa e profissional a chance de desenvolver um nível de organização e maturidade tal que, com seus métodos, possa transformar conhecimento em valor agregado ao longo do tempo.

Ao abordar os métodos para gestão do tempo, defendo que há essencialmente dois caminhos possíveis. O primeiro consiste em escolher um método que seja, de preferência, mundialmente conhecido, testado e bem aceito, como os sete hábitos das pessoas eficazes, GTD, Pomodoro, Regra dos 3, ou qualquer um que se encaixe perfeitamente a você e com o qual se sinta produtivo em todas as áreas da vida. O segundo caminho é desenvolver uma forma própria de se organizar, com ferramentas que se somam ao mesmo propósito de ser produtivo.

Qualquer pessoa que decida tornar-se eficiente e produtiva deve ter um método. Engana-se quem acha que fazer a cada dia a mesma coisa de forma diferente levará a atingir excelência e tornar-se eficiente. Métodos garantem que se possa reproduzir e cada vez mais otimizar tarefas, trabalhos e atividades que costumam repetir-se no cotidiano.

Além dos métodos, a tecnologia nos aproximou do mundo, trazendo grande diversidade de aplicativos e programas que permitem manter a organização quanto ao que precisa ser feito, auxiliando na priorização e gestão das tarefas. Cada aplicativo possui suas características. Há pessoas que precisam apenas organizar uma lista de tarefas (*to-do list*). Outras preferem estruturar uma lista de atividades e fazer com que tudo esteja sincronizado com sua agenda. Um terceiro grupo opta por uma ferramenta que possa capturar tudo, desde ideias, leituras, vídeos interessantes, *insights* que têm ao longo do dia. Para cada formato e preferência, há um tipo de aplicativo interessante.

Não pretendo oferecer uma curadoria dos métodos ou ferramentas disponíveis para tornar alguém mais produtivo, até porque o app que é ótimo hoje, amanhã pode deixar de ser interessante ou ficar ultrapassado. Por anos venho experimentando diferentes métodos e aplicativos, diversidade que recomendo. Posso assegurar que a escolha é muito pessoal e cada indivíduo adapta tais recursos à sua maneira, conforme suas necessidades e sua realidade.

Meu objetivo é reforçar algo importantíssimo: profissionais que pretendem ser bem-sucedidos precisam estabelecer seu método, sua forma, e, mais do que isso, perceber que a cada dia, semana e ano devem tornar-se mais produtivos, alavancando a capacidade de realização e obtenção dos resultados de maneira progressiva.

Isso nos leva ao gerenciamento de energia, vamos em frente...

2.3.2. Gerenciando sua energia

Que tal começarmos por um dos mais potentes exercícios, o mental?

Imagine que você esteja realizando um trajeto de carro, algo rotineiro. No caminho, várias subidas, retas, declives, algumas curvas abertas, outras mais sinuosas, trechos mais longos, alguns curtos, obstáculos, buracos e outros perigos.

Em geral, se está dirigindo na cidade, por exemplo, você utiliza muito mais as primeiras marchas (mais pesadas) do que se estivesse na estrada. Como as paradas são mais frequentes devido ao trânsito, curvas, semáforos, faixa de pedestres, você inevitavelmente cuida para que a marcha esteja condizente com a velocidade e o trajeto. Da mesma forma, quando está dirigindo pela estrada, usará preferencialmente as últimas marchas, mais leves, que requerem menor tração do motor para manter ou aumentar a velocidade. É comum que o trajeto tenha uma adequação constante das marchas de acordo com a característica de cada trecho percorrido, respeitando as características da pista e do trânsito, mantendo a harmonização interna (sem solavancos na troca da marcha, por exemplo) e a boa utilização do motor.

Analogamente à escolha da melhor marcha a ser utilizada durante cada trecho do trajeto, todos os dias precisamos escolher o que fazer, por que, onde, como e quando. Tais opções levam a tarefas que demandam maior empenho de nossa parte, maior nível de energia ou concentração. Por outro lado, há atividades mais automáticas, que se consegue desempenhar mesmo que esteja até um pouco mais cansado mentalmente.

A comparação é exatamente aplicável quando você pensa no carro percorrendo determinado trajeto, sujeito às características da via, pois temos que ser assertivos na escolha da melhor "marcha" a cada momento, que corresponda ao nível de energia durante o dia (que por sua vez, também oscila).

Agora, acompanhe comigo: o que significa ser mais assertivo na escolha da atividade a ser realizada a cada momento, a depender do seu nível de energia?

Pense que você precisa fazer um relatório crítico, que depende da análise de dados complexos, em diferentes cenários, e requer alto nível de atenção e concentração. Você tem a opção de preencher o relatório logo no início da manhã, quando estiver mais desperto, ativo e atento, ou poderá fazer logo após o almoço, período em que talvez esteja um pouco mais sonolento. Ou, talvez ainda ao fim do dia, já cansado após o longo expediente. Em qual horário você acha que conseguirá se concentrar mais, impor mais atenção para fazer o relatório com rapidez e eficiência, sobretudo com menor propensão aos erros?

Agora, imagine que naturalmente outras atividades requerem sua atenção durante o dia, como o telefonema para um cliente cuja importante conta está sob sua responsabilidade. Vamos supor que já tenha certo nível de amizade nesse relacionamento e a conversa costume se mostrar até certo ponto informal e leve. Exemplos dados, vamos analisar?

Bem, note que escolhas assertivas sobre as atividades precisam ser feitas, cada qual para determinado momento. Visando ser o mais produtivo possível, seria o caso de focar na preparação do relatório detalhado e complexo logo pela manhã, quando você estiver com o seu nível de energia mais alto, e deixar a ligação telefônica que exigirá menor esforço mental para o pós-almoço ou o final do dia, conforme você, inclusive, precisa de um incentivo adicional para manter-se conectado.

Possivelmente, se tivesse optado por ceder o horário mais produtivo, logo no início da manhã, para a ligação, e deixasse o relatório a ser preparado após o almoço ou no término do dia, as chances de distração ou procrastinação seriam muito maiores.

Quando precisamos fazer algo que requer foco e concentração nos momentos em que o nível de energia está mais baixo, o cérebro busca artifícios para "escapar" daquela atividade, pois identifica que o nível de energia requerido é incompatível com a realização daquela atividade.

Todo profissional lida com uma longa lista de atividades diárias e para tanto, deve fazer um bom planejamento e respeitar seus horários de maior energia. Agindo assim, terá mais produtividade e será mais propenso a manter um alto padrão de entrega sob os pontos de vista da qualidade e da agilidade. Esse, por sinal, é o motivo que justifica, a exemplificar, a promoção de Maria, enquanto Ana permanece na mesma função ano após ano. A primeira está atenta a essa questão e a segunda realiza qualquer tarefa em qualquer horário, quando “está com vontade”.

Sem dúvida, é meu desejo que você atinja tamanho nível de maturidade e produtividade em sua rotina como profissional, mas eu não permitiria que você ficasse tateando o caminho, tentando encontrar o que fazer. Quero contribuir com aspectos que são imprescindíveis para observar, refletir e praticar. Vamos a eles:

Autoconhecimento

Esteja a carreira direcionada ao mundo corporativo ou criada e fortalecida para edificar-se em outras áreas, o fato é que cada pessoa tem o único e próprio ciclo biológico, influenciado por questões e variáveis, tais quais ambiente educacional e social, padrão de sono, qualidade de alimentação e de vida, atividades físicas, crenças, valores, comportamentos e, claro, a rotina que vivencia. Esse conjunto revela períodos em que a pessoa se torna mais disposta, atenta, capaz de realizar uma atividade que demande foco e concentração e vice-versa, com os momentos de menor energia, maior fadiga mental e baixa capacidade de concentração.

A partir dessa subjetiva equação e de um exercício de observação e autoconhecimento, você passa a ser capaz de entender o próprio padrão caracterizado por momentos do dia em que sente maior ou menor disposição, fator imprescindível para que, posteriormente, seja capaz de determinar escolhas assertivas e cumprir as tarefas certas no devido *timing*, para que toda essa combinação facilite e promova o auge de sua alta performance.

Conhecimento das atividades

Cada profissional possui sua lista de tarefas-padrão, que por via de regra é composta por atividades que requerem maior atenção e concentração, além de outras que exigem menor esforço e foco.

Você pode usar um método simples de classificação, fazendo uma lista que venha a elencar as principais atividades e usando uma classificação de 1 a 5, sendo as atividades nível 1 as que exigem menor nível de energia, como verificar a caixa de e-mail; e outras atividades nível 4–5, por exemplo, que precisam de toda atenção e capacidade mental naquele momento.

Uma vez capaz de identificar a natureza de cada atividade e o nível de energia exigido para desempenhar cada uma delas, você será capaz de programar o dia, concentrando atividades de níveis 4–5 nos momentos em que estiver mais desperto e ativo, e as atividades de níveis 1–2 para os momentos de maior fadiga mental ou física, obtendo alto padrão de produtividade e alta performance. A classificação, associada ao exercício de autoconhecimento, são poderosíssimos elementos para formar profissionais produtivos e diferenciados.

Comigo, o processo de aprendizagem e amadurecimento ocorreu durante a transição de uma carreira técnica, atuando como engenheiro em uma grande indústria, para a carreira comercial, quando passei a ser responsável por contas de grandes clientes na América Latina, como mencionei. Na nova atividade, passei a viajar quase metade do tempo, o que exigiu rápida adaptação para conciliar:

a. as viagens e a gestão da carteira comercial;
b. a preparação de propostas técnicas e comerciais;
c. o atendimento aos clientes, dentre outras atividades inerentes à posição.

Perceba que, sem essa organização e classificação, eu provavelmente teria patinado sem equilíbrio no gelo escorregadio que representa a pressão do dia a dia executivo, que explico a seguir em detalhes.

Após uma boa conversa sobre produtividade com o então diretor a quem me reportava, profissional que somava décadas de experiência na área comercial, entendi que seria mais eficiente, por exemplo, usar o período em que estava mais disposto, logo que chegava ao escritório em São Paulo, às 7h, para me concentrar na preparação de propostas técnicas e comerciais que exigiam grande foco, mas cabe validar que cada pessoa tem os seus picos de performance positivos e negativos em determinados momentos do dia.

Preste atenção a este breve compartilhar de relato, pois há de ajudar a transição que você necessite fazer:

Levantava bem cedo, às 5h, para pegar estrada e ir à capital. Então, no meio da tarde, antes de encarar a estrada de volta, claro que estava mais fatigado mentalmente, passei a deixar esses momentos para planejar viagens de trabalho, verificar disponibilidade de voos e hotéis, preencher relatórios de despesas de viagem e fazer contato com os clientes. Esses ajustes foram imprescindíveis para a criação de uma rotina produtiva, além de gerar uma rápida adaptação à nova atividade após a transição de carreira.

2.3.3. Gerenciando sua atenção

Por muitas vezes, peguei-me pensando numa questão que também já deve ter orbitado sua mente.

Afinal, para onde vai o nosso tempo?

Sou da época que, para pagar contas e boletos diversos, tínhamos que ir ao banco enfrentar horas de fila até que chegasse a nossa vez de ir ao caixa. Não faz muito tempo que, com poucos *clicks* no *smartphone*, todas as contas são pagas.

Sem saudosismo, também fui de uma época em que a compra de qualquer produto exigia ir de loja em loja pesquisando preço e outros critérios. Não tardou para que bastasse acessar um site comparador de preços, concluindo em poucos minutos a compra daquilo que procurava com facilidade, ao menor custo.

Sou ainda do tempo em que a única maneira de realmente comprar e trazer algo para casa consistia em ir buscar, pois nem se falava em sistema *delivery* tão recorrente entre o fim do século XX e o início do século XXI.

Diante desse exato contexto, por vezes me pego pensando: se as coisas ficaram mais fáceis e rápidas com toda a tecnologia, cadê o tempo que em tese deveria sobrar?

Pois é, a mesma tecnologia que nos libertou de muitas tarefas, é a que nos aprisiona cada vez mais.

A tecnologia que se desenvolveu para nos dar mais tempo e qualidade de vida também capturou não só cada segundo de nosso tempo livre, mas até mesmo a atenção para tarefas essenciais, como fazer comida, brincar com os filhos, conversar com os pais, estudar para uma prova, escutar uma música. Tudo, ou quase tudo, tem de alguma forma influência, interferência ou participação da tecnologia, do *smartphone*.

Da mesma forma, é inevitável falar sobre gerenciamento da atenção sem abordar os grandes vilões, ou melhor, os principais ladrões de atenção. Por isso, convido você a fazer um breve exercício mental e refletir sobre a pergunta:

Quais são os cinco principais ladrões de atenção para você?
Para auxiliar a reflexão, convido a responder mais algumas perguntas.
O que faz você se distrair levemente?
O que faz você parar totalmente algo que esteja fazendo?
O que faz você procrastinar?

Certamente, as respostas competem à atenção de quem mais importa nesta vida, você. Porém o grande desafio da produtividade consiste em gerenciar a atenção para que mantenha foco naquilo que trará mais resultado, que contribuirá para ser uma pessoa melhor, alcançar a alta performance e atingir seus objetivos.

Eu seria capaz de apostar que se você conseguisse gerenciar os cinco principais ladrões de atenção, seria capaz de obter algo em torno de 10 a 20% de tempo livre para o seu dia.

Vamos utilizar o exemplo das redes sociais, considerando que a maioria da população global está conectada e faz parte de alguma, tanto para fins profissionais quanto de entretenimento.

É consenso também que as redes sociais trabalham com diferentes estratégias para prender a atenção. Uma delas é o reforço positivo compensatório.

Navegando por uma rede social, você arrasta o *feed* para baixo, atualiza e vê os últimos compartilhamentos. Tal atualização é acompanhada de um símbolo que a indica, que sugere que algo está sendo "carregado".

Enquanto isso cria-se a expectativa para ver o que virá, e o cérebro libera o hormônio dopamina, que dá a sensação de prazer instantâneo assim que acessa o *post* mais recente, uma bela foto ou a uma cena de uma paisagem inesquecível.

O mecanismo é exatamente o mesmo em relação ao das famosas *slot-machines* ou máquinas caça-níqueis dos cassinos, aquelas em que você coloca uma ficha, puxa a alavanca e aguarda "atualizar", esperando que dê uma possível recompensa, que nesse caso é dinheiro. Enquanto espera o resultado do jogo após ter puxado alavanca, o cérebro libera a quantidade de dopamina necessária para provocar a mesma sensação de prazer que vem com as atualizações de *feed* nas redes sociais. Isso faz com que o cérebro queira atualizar mais e mais as páginas das redes, para ter sempre por perto aquela sensação da ação da dopamina, fazendo com que a pessoa queira ficar conectada por horas às diferentes mídias.

Outro mecanismo das redes sociais é a sistemática dos *likes*, as famosas curtidas, que refletem outro reforço positivo, pois confere a sensação de bem-estar a quem fez a publicação, após ver que outras pessoas estão gostando, contemplando, admirando e compartilhando. Como estratégia, as redes sociais vão mostrando o conteúdo que alguém produz em diferentes momentos, fazendo com que a todo tempo aquele conteúdo ou postagem seja capaz de gerar mais e mais curtidas, o que faz o autor ficar conectado por mais tempo às redes para acompanhar a repercussão, os questionamentos e o aumento de curtidas de seu *post*. Em resumo, há centenas de mecanismos e algoritmos desenvolvidos com um só objetivo: roubar sua atenção e, consequentemente, seu tempo.

Gerenciar a atenção equivale a conhecer e administrar os principais gatilhos que fazem você perder a atenção naquilo que está fazendo, causando distrações ou procrastinação, impedindo que consiga concluir uma atividade que requeira um pouco mais de foco ou concentração.

Deixo com você um exercício prático e simples que pode contribuir com a sua gestão do nível de atenção.

Identifique cinco elementos que roubam sua atenção diariamente, a exemplo de redes sociais, sites, e-mails, pessoas, pets, barulho, problemas recorrentes, notícias em excesso, futebol etc.

Estime quanto tempo por dia é gasto em cada uma das cinco distrações que relatou.

Pense ainda em quanto tempo realmente precisaria dedicar atenção a cada um dos itens sem que essa redução do tempo levasse você a perder algum resultado em outra área. Então, defina como meta o tempo que irá dedicar, diária ou semanalmente, a esses itens.

Por fim, com essa economia de tempo que calculou em uma semana, multiplique por 52 para ter uma ideia de quanto tempo é capaz de recuperar por ano, e que pode ser dedicado a algo que realmente gere algum resultado concreto, conhecimento e capacidade de transformação, em vez de simplesmente uma mera sensação de prazer momentânea que se perde sem se transformar em nada grandioso.

Para lidar com os gatilhos de distração, agende momentos do dia específico, com tempo determinado. Por exemplo, 25 minutos para dedicar às redes sociais, 50 minutos ao pet, 180 minutos para a família, 20 para acessar o e-mail e assim por diante. Esses números, claro, são apenas ilustrativos e você é quem definirá de acordo com sua realidade. Gerenciar as distrações é um caminho necessário quando se busca a alta performance.

2.3.4. Priorizar não é reordenar tarefas

Um dos tópicos mais procurados e discutidos para a pauta da produtividade é a priorização. Cada vez mais, independentemente da carreira escolhida, seja no mundo corporativo ou no campo do empreendedorismo, no comércio ou até mesmo numa ONG, as organizações se tornam mais enxutas, os profissionais acumulam mais e mais funções.

O resultado disso é uma *to-do list* infinita, o que torna o gerenciamento de tempo pré-requisito obrigatório ao profissional que sabe o mais importante: manter o foco é questão de sobrevivência.

Ao mesmo tempo, a propagação de informações, novidades e acontecimentos alcança incrível velocidade e faz o profissional sentir-se desafiado, pois além de manter o foco no trabalho e acumular mais funções, precisa se esforçar para manter o radar atento, constantemente conectado e atualizado.

Somado a isso, vamos levar em conta que em meados de 2010, o celular e o notebook ainda eram instrumentos de trabalho restritos a uma minoria da população do mundo corporativo, do empreendedorismo individual ou coletivo, de quase todos os setores. A partir do advento da pandemia que deixou o mundo inteiro refém da dor e do luto prematuro, esses recursos foram potencializados, ou seja, o uso de smartphones, notebooks e aparelhos semelhantes tornou-se igualmente "pandêmico", disseminando-se com grande velocidade e substituindo a cultura presencial das décadas e dos séculos anteriores.

Por outro lado, nem os profissionais, nem as empresas foram realmente educados para a utilização de tecnologias como ferramentas de trabalho de maneira consciente.

Como resultado, isso também contribuiu para que as pessoas ficassem ainda mais tempo conectadas, trabalhando e respondendo "só mais um e-mailzinho" ou "mais uma mensagenzinha".

Se pensarmos que as empresas estão mais enxutas, que os profissionais acumulam mais funções, que a tecnologia vem contribuindo para que os profissionais fiquem cada vez mais conectados por mais tempo e que a demanda de trabalho segue uma crescente, a grande reflexão que se firma é: como você tem feito a priorização das suas atividades e o quão eficaz tem sido essa priorização?

Enquanto você reflete, vou contar o que aconteceu com a Marina em certo momento de sua jornada profissional. Afinal de contas, nós, seres humanos, temos grande facilidade para aprender por empatia.

Pesquisadora sênior na equipe de R&D[1] de uma multinacional, Marina era a mais experiente da equipe que contava com outros três pesquisadores, inclusive Roberto, pesquisador que tinha em suas mãos dois projetos importantes para a empresa e que precisavam ser entregues até o quarto trimestre daquele ano. Porém Roberto anunciou sua saída da companhia ainda em maio, o que gerou bastante ansiedade na equipe e na liderança devido à importância dos projetos em pauta, até aquele momento sob a responsabilidade dele.

Logo após a saída de Roberto, Thomas, gerente da equipe de projetos, chamou Marina para uma conversa e informou que por ser ela a sênior mais experiente da equipe, precisaria conduzir os projetos de Roberto até que encontrassem alguém para a posição. Thomas ainda afirmou que seria algo relativamente breve e transitório, entre dois e três meses. Marina "aceitou" o "desafio".

---

[1] *Research and Development,* expressão da língua inglesa que no Brasil muitas empresas adaptaram para *P&D*, Pesquisa e Desenvolvimento.

Em poucas semanas, sua rotina normalmente composta por oito horas diárias de trabalho se transformou em dez. Mais algumas semanas, conforme o prazo de entrega dos projetos se intensificava, Maria trabalhava entre doze e treze horas por dia, além de dedicar alguns momentos do fim de semana para atender as demandas e cumprir os prazos. Fatigada e sobrecarregada por ter absorvido totalmente as atividades do ex-colega, Roberto, após dois meses Marina decidiu desabafar para o seu líder, Thomas. Com isso, ambos passaram a realizar reuniões semanais para definir a priorização de atividades e, de alguma forma, ajudar Marina a se organizar para lidar melhor com a sobrecarga.

No período definido para as reuniões, Marina e Thomas revisitavam as agendas, conferiam as entregas esperadas para a semana, os prazos e, com base nesse acompanhamento, reordenavam as atividades. Nas primeiras duas semanas de alinhamento, houve um aparente arrefecimento da situação. Porém, como a demanda foi totalmente absorvida por Marina e não havia a quem mais delegar, mesmo com a reordenação semanal das atividades, ela ainda se via trabalhando pelo menos doze horas por dia, para dar conta de tudo.

Três meses voaram desde que Roberto deixara a empresa, e como o processo de contratação estava atrasado, previam-se outros dois ou três meses até selecionar e recrutar outro profissional para ocupar a posição. Marina permanecia cumprindo uma jornada estendida de trabalho, ela continuava sobrecarregada e fatigada, física e mentalmente.

Ora, acaso a reunião semanal de priorização que acontecia entre Thomas e Marina era ineficaz?

Por que, apesar da orientação, do acompanhamento e do alinhamento com o líder, Marina não conseguia livrar-se da angustiante e sobrecarregada jornada?

No mundo corporativo que pretendemos descomplicar, nas empresas de todos os setores e nas carreiras mais variadas, muitas vezes o exercício de priorizar atividades é tratado na prática como mera reordenação das atividades.

Ou seja, você e seu gestor ou subordinado analisam a lista de entregas e prazos, rediscutem o que deverá ser feito primeiro, segundo, terceiro e assim sucessivamente. No entanto, para que cumpra as entregas do mês, da semana ou do projeto, a pessoa terá que continuar trabalhando durante a mesma quantidade de horas extras por dia, independentemente da ordem das atividades, para que consiga entregar tudo. Lamento dizer, mas isso não é de fato priorização e sim reorganização de tarefas, algo como caminhar em círculos.

Para entender a diferença e ser capaz de fazer a gestão do próprio tempo, da energia e das entregas a cumprir, vamos esmiuçar as questões com maior profundidade.

Reordenar atividades

É o *timing* em que o profissional ainda visa cumprir todas as entregas. Haverá talvez uma renegociação de prazos, o que pode aliviar por um momento a carga de trabalho. Contudo, ao final, não terá como fugir ou "se livrar". Neste caso, é comum que, apesar de reordenar as entregas, não consiga reduzir sua jornada e continue sentindo o peso da sobrecarga.

Ao longo de anos, pude ver que muitos profissionais fazem apenas uma reordenação de atividades, acreditando que estejam realizando uma priorização. Por consequência, vêm-se logo reféns de ter que lidar com a mesma quantidade de demandas, intermináveis listas de entregas, além de longas jornadas laborais, que acabam por permanecerem inalteradas após uma equivocada priorização.

Priorização das atividades

Em tese, deveria ser entendido como priorizar algo em detrimento de outra coisa. Pode também haver uma renegociação de prazos, de tarefas e, sobretudo, deve ser entendido que a reordenação de atividades ou de prazos já não basta para evitar a sobrecarga de trabalho. Por isso, a priorização é quando o líder deve decidir entre o que será feito e o que deverá ser deixado de lado ou "despriorizado". Note, é diferente de simplesmente reordenar, pois na priorização se elimina atividades da lista, em vez de apenas trocar a ordem de acordo com os prazos de entrega.

No caso de Marina, ela e seu gestor, Thomas, semanalmente faziam a reordenação de tarefas, para que pudesse manter o foco e a organização durante a semana, assim conseguisse entregar tudo o que precisava. Mas, se fosse feita a priorização efetiva, e sabendo que seria inviável que Marina levasse suas atividades e os dois projetos de Roberto pelos meses seguintes, um dos projetos deveria ter sido "despriorizado" ou congelado. Em última hipótese, algumas das atividades de rotina de Marina deveriam ter sido paradas, para que ela pudesse então focar no projeto.

Sim, apesar de parecer simples, há profissionais que passam a vida inteira duelando com a tentativa de "priorizar" suas atividades corretamente, enquanto tentam entregar todas as demandas que aparecem ao mesmo tempo, embora o mais assertivo para a sua carreira — e que fique bem claro, muito além do mundo corporativo, a mesma máxima se aplica a todos os segmentos e carreiras — seria analisar estrategicamente suas demandas para entender o que é possível ser feito e se algo deve ser "despriorizado" ou ignorado.

Agora, mudemos o contexto da palavra priorizar. Pensemos, de maneira simplificada, que a empresa possua US$10 milhões naquele ano para alocar em diferentes projetos: novos negócios, produtos, projetos de manutenção de ativos, dentre outros. Porém há uma lista consolidada de 20 projetos a serem executados, sendo que todos juntos somariam algo como US$40 milhões. Logo, a empresa não reúne capital suficiente para avançar com os vinte projetos e por isso necessitará priorizar apenas cinco naquele ano, deixando os outros quinze parados.

Observe que a priorização implica numa decisão entre o que fazer ou não, o que é bem diferente de reordenar para agrupar e manter a entrega dos originais vinte projetos em pauta.

Agora, com base em tantas possibilidades que estamos descortinando para apresentar, pergunto a você, profissional do mundo corporativo, do empreendedorismo em outras áreas, a você que é *player* do mercado financeiro, a você que atua no comércio ou em qualquer setor: será que você realmente consegue priorizar? Será que consegue assumir a dor que muitas vezes se insinua quando decide deixar de fazer algo? Ou será que ao longo do tempo em que vem construindo a ascensão da carreira, você sempre procura ou tenta acomodar todas as demandas que surgem, alimentando a temerária visão de que precisa dar conta de tudo?

Lembre-se, parte 1: empresas gostam de quem traz a solução, ainda que isso signifique dar um passo para trás e deixar determinado projeto para o futuro.

Lembre-se, parte 2: no exemplo citado da empresa, o recurso em questão era o capital disponível para investir nos projetos. No seu caso, o recurso em questão é seu tempo, sua carreira, sua saúde.

Por isso, a partir de agora, quando pensar novamente em priorizar ou, se for discutir com seu gestor sobre o que deverá ser priorizado, esteja bem preparado para conseguir explicar o que fará e o que deixará de fazer, apresentando tudo de uma forma lógica, profissional e madura.

2.3.5. Gerenciando seu calendário

Abrangendo ainda mais nossas reflexões de produtividade, quero compartilhar outra ferramenta poderosíssima, usada de maneira automática por grandes executivos, por pessoas que atingem níveis elevados de alta performance, produtividade e amadurecimento profissional. No entanto, não é um recurso amplamente dominado e praticado por grande parte dos profissionais do mundo corporativo e dos demais setores.

Existe enorme quantidade de ferramentas (softwares) disponíveis para uso, além do alto nível de integração entre elas e das múltiplas funcionalidades.

Sem dúvida, tamanhas opções retratam um cenário melhor e muito à frente do que havia nos anos e décadas anteriores.

No entanto, é necessária uma mudança de hábitos para que você, profissional que deseja êxito na carreira do setor em que atua, seja no mundo corporativo ou em alternativas frentes de negócios, implemente a prática de realizar planejamento semanal.

Cabe validar que não vou defender uma ferramenta em detrimento de outra, pois isso caberá a cada pessoa, que saberá qual plataforma é mais útil e conveniente, ou com qual delas encontra mais familiaridade.

Recomendo também que não se invista tempo em fazer uma longa pesquisa sobre qual o modelo correto para fazer uma super integração tecnológica entre o calendário pessoal, o do trabalho e o da conta de seu smartphone. Porém encorajo você a desenvolver o hábito de planejar a semana, com ajuda do calendário que você escolher.

Não existe certo ou errado a respeito do momento em que decide afiar o machado para a estratégia de organizar as demandas.

Há profissionais que escolhem utilizar a tarde de sexta-feira para planejar a semana. Há quem prefira a tarde ou a noite de domingo. Particularmente, reservo o primeiro horário da segunda-feira para revisar o calendário, rever compromissos e assim adotar uma visão clara da semana e suas respectivas atividades.

Dentro dessa revisão de calendário, tenha sempre atenção e foco para rever todas as suas atividades e os detalhes ao redor delas, que posso e vou resumir para facilitar o seu caminho.

É estratégico começar revisando a sua lista de ações por fazer, pois quanto mais tempo livre e organizado, maiores são as chances de despertar e multiplicar a alta performance em prol da carreira.

Tenha a certeza de limpar o que já foi realizado nos últimos dias e assegure-se de que todas as novas ações que precisarão ser feitas ao longo da semana façam parte da lista. Pense, também, como distribuirá as ações por fazer ao longo da semana, além de calcular se realmente terá tempo e quanto dele precisará dedicar para "fazer acontecer" cada uma delas.

Reuniões da semana

Revise as reuniões que terá durante a semana. Eventualmente, você precisará preparar-se, elaborar apresentações e consolidar certas informações para compartilhar nesses encontros. Uma boa prática também é adicionar um tempo na sua agenda, que deverá ser dedicado ao preparo das reuniões. E antes que se pergunte "de onde" há de conseguir tempo extra, a resposta é simples. Conforme vai planejando ações, atividades e compromissos, você assume a gestão do tempo e vai ganhando mais assertividade, o que talvez seja bem diferente de apenas agir e reagir aos problemas advindos das atividades, realidade que acomete a maioria dos profissionais.

Revisão dos deadlines

Aproveite para rever as entregas que ocorrerão nos próximos dias e os prazos que terá de cumprir na semana, para que esteja sempre à frente dos compromissos e não correndo atrás dos resultados.

A revisão inclui a entrega de relatórios, projetos, propostas e tudo que o tiver data-limite, além de retratar uma excelente maneira de fazer a gestão de suas entregas, para sempre respeitar os prazos e manter a qualidade, evitando trabalhos de última hora, horas extraordinárias e finais de semana roubados da família por conta do planejamento outrora ignorado.

Tempo de deslocamento

Um calendário bem construído deve incluir o tempo a ser usado para deslocamentos necessários da semana, seja para ir até um cliente, deslocar-se ao aeroporto, fazer alguma coleta ou entrega, enfim, qualquer movimentação deverá constar em seu calendário. Para isso, no calendário você pode marcar um tempo como "deslocamento para aeroporto", por exemplo. Se você trabalha numa capital que tem trânsito, o preço de ignorar esse tempo é alto, especialmente se tiver vários agendamentos dessa natureza na mesma semana.

Tempo para demandas relevantes

Conforme for revisar a agenda, é importante que reserve nela um tempo para dedicar às atividades mais demoradas, derivadas de demandas maiores, de perfil "macro" em relação aos objetivos. Por exemplo: tempo para preparação de relatórios mais complexos, de propostas que requeiram mais tempo, de estudos específicos em que precisará se aprofundar ou de alguma apresentação que exija manter-se altamente concentrado.

Tempo para imprevistos

O trabalho é um ambiente dinâmico que, muitas vezes, revela circunstâncias capazes de romper a bolha do planejamento, impondo a necessidade de investir tempo, energia, ações e decisões. Ou, numa visão mais simplista, é o tal do imprevisto que jamais bate à porta. Pelo contrário, vai entrando sem ser convidado.

O tempo todo temos novas demandas e novos problemas a resolver. Quando você trabalhar no planejamento e na revisão da sua semana por meio do seu calendário, seja perspicaz e deixe algum tempo reservado para esses imprevistos, que não raro chegam acompanhados de demandas urgentes.

Em resumo, ao colocar todos os compromissos, reuniões, lista de afazeres e tempo de deslocamento, de forma a ocupar 100% do seu tempo de trabalho, qualquer nova demanda fará com que tenha que trabalhar fora do horário. Isso pode gerar o efeito "bola de neve": hoje começa a usar o tempo de descanso, amanhã o tempo de sua família, depois o tempo de sono, o do lazer, o dos amigos.

A tendência é formar um ciclo de potencial geração de estresse e fadiga. Portanto, seja estratégico e mantenha reservado um tempo em sua agenda, em sua semana, para dedicar aos imprevistos e urgências. Se pensarmos em 10 ou 15% de seu tempo total da semana para tal finalidade podemos afirmar que é um ótimo percentual, mas o ideal é que o faça de acordo com a sua realidade.

Observe que ao fazer o exercício de planejamento da sua semana, a revisão do calendário, das suas entregas e respectivos *deadlines*, você será capaz também de entender se conseguirá dar conta de tudo o que há por fazer e entregar nos próximos dias.

Os melhores profissionais, os de alta performance, trabalham com preparação e planejamento, enquanto os mais desavisados não se preocupam e vão apenas agindo ou reagindo sem planejar.

O profissional que planeja e se prepara, começando pela revisão do seu calendário semanal, consegue inclusive fazer a revisão das suas prioridades e atender as urgências.

Um lembrete, porém: levando-se em conta uma hipótese contrária, se durante a revisão semanal você constatar que não conseguirá cumprir todas as entregas dos próximos dias e que todos os prazos são inegociáveis, não hesite. Partilhe a situação com a sua liderança ou gestão, levante a mão e peça ajuda. Assim, além de compartilhar a responsabilidade e pedir recurso, você será visto como profissional que se preocupa com o projeto.

Consegue ser e sentir a diferença?

Consegue notar como o padrão do profissional pode mudar com o simples fato de ele dedicar tempo a fazer uma revisão do calendário semanal?

Certifique-se de tornar isso recorrente, independentemente do horário que escolher.

Busque ainda manter sempre o mesmo horário, para que a ação se torne um hábito, e faça isso se organizando com os agendamentos do seu calendário profissional ou mesmo pessoal. Aliás, em seguida, vamos analisar e desmistificar uma questão que há tempos ronda o mundo corporativo e os demais setores de negócios, inclusive o seu, seja qual for.

Afinal de contas, como o mercado enxerga os profissionais que trabalham demais, rompendo os horários acordados, sacrificando-se e se privando de qualquer demanda pessoal para dedicar-se integralmente à empresa, ao negócio, ao empreendimento?

2.4 TRABALHO FORA DO HORÁRIO

Que tal começar este próximo "fórum" com uma provocação? Em suma, é uma ação considerada *hard work* ou ineficiência?

Em algum momento, cada profissional já teve que cumprir umas horas a mais de trabalho por determinado período, para atender às demandas e entregas que ocasionalmente coincidiram. Faz parte do jogo, e sabemos que haverá picos de demanda ou acúmulo de atividades que vão, por alguns dias, requerer atenção além do horário de trabalho. Porém trabalhar constantemente ou todos os dias com jornadas prolongadas é diferente, sobretudo aos que procuram desenvolver a máxima alta performance em favor da carreira.

No mundo corporativo ou em qualquer segmento, há uma premissa: se o profissional precisa sempre fazer jornada laboral extra para dar conta do recado, algo está errado e podemos investigar as principais causas.

- A empresa precisa de mais braços e mentes para dividir demandas daquela função;

- O colaborador está pouco capacitado para as incumbências;
- O colaborador não tem conseguido administrar prazos e respectivas atividades para organizar bem as suas entregas;
- O colaborador não tem recebido um *feedback* direto e passou a considerar "normal" atrasar prazos e trabalhar fora do expediente.

Perceba que são *gaps* bastante sensíveis a qualquer profissional. Correr o risco de ser taxado de *underperforming* é totalmente indesejável para qualquer colaborador, além de danoso para a imagem e a carreira.

Além disso, muitas vezes o comportamento está inserido na cultura da própria organização. Lamentavelmente, há empresas (e não são poucas) que consideram normal trabalhar com jornadas prolongadas, onde o senso comum é que sair (ou se desconectar) antes do horário, demonstra falta de compromisso. Em ambientes assim, se o colaborador deixa seu posto pontualmente no fim do expediente, chega até a ser alvo de comentários e piadas. Saiba, porém, que esse padrão é ineficaz a longo prazo, além de insustentável e prejudicial à saúde, à motivação, ao equilíbrio entre os aspectos pessoal e profissional. Em alguns casos, também é comum que uma cultura dessa natureza resulte em um número cada vez mais crescente de ações que só fazem aumentar o passivo trabalhista e o *turnover*.

Imagine, numa analogia, que a sua carreira seja uma espécie de maratona que exige longa duração e resistência. Na prova de 100 m rasos, o atleta de alta performance alcança uma velocidade de 22,5 mph (milhas por hora), podendo atingir até 26 mph em algum momento da corrida. Claro, é inviável correr grandes distâncias a essa velocidade que o mundo esportivo conhece como *sprint*[2].

[2] Momento em que o atleta dá um disparo em sua marcha com o intuito de distanciar-se do oponente. Por exigir máximo vigor físico, o sprint é escolhido no momento certo, para evitar o desgaste e o consequente contra-ataque dos rivais.

Na carreira, é possível dar *sprints* nas "provas mais curtas que precisam de uma velocidade maior", em que é possível fazer jornadas maiores de trabalho por algum período, a fim de responder às demandas ou projetos específicos, como as transições ou o acúmulo temporário de funções.

No entanto, lembre-se que o dia a dia no mundo dos negócios é uma maratona. Precisou de um *sprint*? Ótimo, faça! Mas lembre-se de retomar o ritmo ou não suportará manter a mesma performance.

Ao atuar dessa forma, estrategicamente, o profissional que se propõe a atuar em alta performance para ter visibilidade e reconhecimento será capaz de mostrar sua alta capacidade de entrega quando houver necessidade, motivos específicos ou demandas pontuais e conseguirá mostrar maturidade, senso de responsabilidade, priorização e equilíbrio, já que demonstra ser capaz de cumprir as atividades dentro da jornada regular. Porém, ao contrário, se o cenário passa a ser habitual, facilmente pode criar uma imagem negativa de ineficiência.

Nas minhas andanças pelo mundo corporativo, conheci "José", excelente técnico, invariavelmente solicitado para resolver problemas da fábrica, pois já tinha vivido quase tudo em seus mais de vinte anos de empresa. Sempre cirúrgico e assertivo nas decisões técnicas, alcançou respeito e visibilidade. Além disso, vestia a camisa da empresa, demonstrando total comprometimento.

Pela sua dedicada caminhada, José foi preparado para uma transição que o levaria à posição estratégica como gerente de operações.

A transição teve início e José se tornou ainda mais comprometido. Chegava às 7h para inteirar-se de tudo o que ocorrera no turno da noite. Uma hora depois, os demais da equipe chegavam e José já tinha as decisões prontas. O dia passava e ele se envolvia com as demais questões, gerenciais e técnicas. Lá pelas 17h, todos voltavam para suas casas, mas José permanecia na fábrica por mais algum tempo. Nessas horas adicionais, continuava tratando questões técnicas, gerenciais e pessoais. Passaram-se semanas. Passaram-se meses. Algumas pessoas continuavam a admirar o dedicado e comprometido José.

Quase um ano depois, a empresa reconheceu outro profissional técnico, que passou a ocupar posição gerencial, como gerente de operações.

Claudio chegava à empresa invariavelmente às 8h, conduzia suas atividades gerenciais durante o dia e deixava a empresa no fretado às 17h, junto com os demais.

Após semanas, a inevitável comparação começou a surgir. José, até então visto como dedicado e comprometido, passou a ser avaliado como ineficiente, pois precisava de muitas horas a mais de trabalho para entregar os mesmos resultados de Cláudio. Além disso, José deixava de reservar tempo para si, para se exercitar, relaxar e equilibrar as atividades pessoais com as profissionais. Enquanto isso, Cláudio inspirava as pessoas com sua calma, equilíbrio e senso de priorização, além de conseguir tempo para continuar se capacitando, estudando, para continuar seu crescimento de carreira.

Custou pouco tempo para que Cláudio se tornasse referência na organização, o exemplo de performance e o líder a ser seguido. Em consequência, aquele com futuro mais promissor.

A história de José acontece aos montes, todos os dias, e em todas as organizações. O profissional entra em modo *hard work* ao assumir rotinas pesadas, sem perceber que a longo prazo se torna ineficaz, ineficiente e contraproducente.

Por isso, mantenha-se sempre em estado de atenção quando estiver cumprindo jornadas intensas de maneira contínua. Lembre-se de que se o *hard work* se resumir a um período curto para atender demandas específicas e entregas importantes, pode valer a pena. Porém, se o modus operandi vai nesse caminho, cuidado para não comprometer sua credibilidade e carreira.

2.5. DIZER NÃO COM SABEDORIA

O simples ato de dizer "não" acompanha os profissionais em absolutamente tudo que fazem, inclusive nas decisões diárias. Mesmo quando dizem "sim" ao aceitar novas demandas, novos desafios, atribuições, pedidos, ordens, conselhos, ao mesmo tempo dizem "não" a outras coisas, renunciando-as. Por isso, espero provocar uma reflexão sobre os sins e os nãos que acompanham qualquer profissional de alta performance em sua jornada de carreira, tal como os dilemas advindos desses sins e nãos.

Para nós, profissionais, a sequência somada de sins e nãos ditos hoje, amanhã e depois de amanhã, podem diferenciar quem se tornará executivo de uma grande multinacional aos 30 anos, ou quem há de patinar na carreira aos 40. Pode separar ainda quem desenvolve um quadro de burnout por excesso de trabalho, ou quem consegue levar a profissão e a ascensão da carreira com leveza e equilíbrio.

A capacidade de dizer não representa também o poder de colocar a pessoa no topo, como profissional madura e consciente, ou no fim da fila por ser uma espécie de faz-tudo, de quebra-galho que não consegue posicionar-se e dizer um redondo "não", quando deve ser dito. Por último, pode fazer a pessoa ser respeitada pela idoneidade e integridade, ou condenada por desvios de ética, dada a incapacidade de dizer não aos ilícitos. Vejamos a habilidade de dizer sins e nãos conscientes e seus muitos dilemas, com o exemplo de um personagem.

Aldinho se sentia realizado como engenheiro. Seus pais tinham ensino técnico e desejavam muito que ele conseguisse cursar na área, pois seria o primeiro engenheiro da família. Antes da engenharia, fizera o curso técnico em elétrica e conseguiu uma colocação. Trabalhava durante o dia, estudava à noite e tinha a promessa do chefe, no sentido de que seria efetivado como engenheiro, assim que se formasse. Aldinho contava, portanto, com essa vaga. Logo que se formou, celebrou, comemorou e tinha certeza que o tão sonhado título migraria do diploma para o crachá. Conversou com o líder, conversou com RH e a resposta foi a mesma, a vaga de engenheiro estava congelada por limitação do *budget*. Meses se passaram e seu chefe, certo dia, o chamou para conversar, finalmente apresentando uma proposta.

> — Aldinho, queremos promover você a engenheiro, mas, pela situação da empresa, ainda teremos que manter o salário, até que seja possível liberar o aumento.

Como Aldinho acreditava que a empresa tinha sido boa com ele nos últimos anos e que daria o tão sonhado cargo de engenheiro, ele, apesar de frustrado, acabou aceitando.

Vitor foi contratado como analista sênior para atuar no planejamento estratégico da empresa. Com efeito, tudo o que fizera desde a graduação, cursos, pós-graduação, foi sempre orientado e com foco em atuar na área. Como todo começo de jornada numa nova empresa, precisou familiarizar-se com pessoas, processos e demandas. Por isso, de início, desenvolvia somente atividades de suporte ao seu gerente, o Rui. Dentre as atividades de rotina, Vitor preparava apresentações, acompanhava Rui em reuniões, revisava os planejamentos, atualizava as planilhas, fazia *follow-ups* a pedido de Rui. O tempo foi passando e Vitor permanecia com tarefas secundárias, atuando mais como um suporte do gerente em tarefas administrativas do que como um profissional dotado de autonomia e responsabilidade pelo planejamento estratégico. Os meses se passavam e nada mudava. Vitor já somava dois anos de empresa e havia entrado num *loop* de obediência hierárquica, apenas seguindo ordens e demandas divergentes da descrição do cargo a que foi contratado, sem contestar, sem recusar, afinal entendia estar no cargo que um dia permitiria atuar com o planejamento estratégico e assim preferia estar ali. Lamentavelmente, três anos se passaram até que Rui pediu demissão para trabalhar em outra empresa. Vitor, que havia ficado sempre em segundo plano, desempenhando ações de suporte, teve pouca visibilidade e foi desconsiderado para substituir Rui.

Janaina era brilhante, um verdadeiro talento. Interessada, versátil, flexível, dedicada, gostava de aprender e sempre pronta para desafios. Tinha o trabalho como maior prioridade de vida e abriria mão do que precisasse para cumprir demandas. Já atuava há nove anos no mundo corporativo, sendo os últimos cinco nessa empresa. Por estar prestes alcançar a posição de gerente de RH, que era o seu sonho, se empenhava ao máximo em tudo o que fazia. Recentemente, além da responsabilidade de "BP" (business partner) na unidade de negócio mais importante da empresa, sua gestora Sara pediu a Janaína que acumulasse a função de "learning" provisoriamente, após o anúncio da saída de Carlos, seu colega de longa data que tocava a área de capacitação. Janaína topou pronta para dar suporte à empresa, pensando que aquilo se daria apenas por um breve período de transição até a contratação de outra pessoa para a posição de Carlos. Um mês após a saída do colega, Janaína assumia e acumulava uma dinâmica intensa, que exigia horas extras todos os dias, para dar conta de tudo. Certo dia, em meio ao caos, Janaína foi chamada por Sara:

— Janaína, sei que você está sobrecarregada e com acúmulo de funções, mas temos um projeto global no RH que dará muita visibilidade e, com certeza, o preparo que faltava para você ter exposição e poder subir na carreira.

Era tudo o que Janaína queria ouvir, a chance que esperava. Não podia abrir mão de representar a América Latina no projeto global, e passou a se empenhar ainda mais, lidando com uma rotina à luz da exaustão máxima, sem tempo para cuidar de si, descansar, cuidar da alimentação, da família e, tampouco, da saúde. Naqueles dias difíceis, sentia-se extremamente ansiosa, recorrendo até mesmo a remédios para dormir, sem contar as incontáveis dores de cabeça. Não tardou e foi surpreendida pela Síndrome de Burnout. Ou seja, o pico de estresse chegou e trouxe a doença. Janaína precisou afastar-se por um mês até recuperar-se, justamente no momento em que, segundo pensava, a empresa "mais precisava dela".

Os três casos retratam milhares de situações parecidas que acontecem todos os dias no mundo dos negócios e, lamentavelmente, têm em comum a ausência de posicionamento firme, contundente e claro, no momento em que um expressivo "não" precisa ser dito. São "sins" mal calculados que levam às situações de demanda pesada, aos altos níveis de estresse no trabalho, à submissão diante de condições imorais ou inaceitáveis, às promessas falsas, à opção por caminhos não legítimos e, por consequência, às expectativas frustradas. Em alguns casos, as histórias perduram por meses e anos. Noutros, o final triste se desembaraça em pouco tempo. Em todos, outro ponto em comum é que, uma recusa poderia ter evitado o atraso na carreira, a doença e os problemas gerais.

Dizer não, para muitos, é tarefa árdua e dolorosa, sinal de ingratidão, insubordinação, desrespeito e outras questões, a depender do que cada um acredita e da interpretação individual. Em várias situações, inclusive, prefere-se ou acostuma-se a carregar um fardo pesado, a ter a franqueza de usar o não.

Pois bem, vejamos formas e técnicas diferentes de treinar para dizer não. Como todo novo hábito que se adquire, requer prática e treino. Antes de investigar a troca dos "sins" pelos "nãos", precisamos desenvolver uma habilidade que vem antes do "não", que é a de racionalizar situações.

Na maioria das vezes, o "sim" vem quase por impulso, sem que tenhamos o controle emocional necessário, a paciência de refletir. Somado a isso, quem dirige a você uma pergunta para obter o seu "sim", prepara-se para consegui-lo. Em outras palavras, quem pergunta algo já elaborou o questionamento antes de apresentá-lo e, por isso, nada mais justo do que você ter a chance de se acostumar a racionalizar por alguns segundos, minutos, ou mesmo horas, antes de responder "sim" ou "não".

Vejamos o caso da Janaína, que já vinha sobrecarregada, esgotada por ter acumulado sua função e a de Carlos. Quando sua gestora Sara ofereceu a possibilidade de atuar no projeto global, estruturou antes seu convite para deixá-lo mais sedutor e torná-lo irresistível. Logo, o convite para acumular mais uma demanda veio travestido da promessa de conquistar visibilidade, oportunidade de exposição e, de quebra, do requisito faltante para alcançar o tão sonhado cargo de gerente de RH. Por outro lado, Janaína provavelmente não racionalizou, respondeu seduzida, no calor da emoção, por impulso, sem ao menos negociar, trazendo para si a responsabilidade de se comprometer com mais horas, esforço, tempo e estresse.

Janaína quis mostrar força, garra, comprometimento, empenho, mas faltou mostrar maturidade, racionalidade e consciência ao assumir responsabilidades maiores às que podia absorver. Teria sido um excelente momento para compartilhar responsabilidades, mostrar habilidade na priorização, delegar, negociar, fazer acordos. Teria sido uma ótima oportunidade de dizer o "não" convicto, respeitoso e justificável.

Como parte do processo de racionalização sobre qualquer proposta, convite ou solicitação, é importante pensar em algumas perguntas.

Isso é importante para a empresa, para o meu gestor ou para mim?

Possuo tempo disponível para absorver mais esta atividade ou demanda, se der o meu "sim"?

Qual será o meu benefício, sob os pontos de vista do curto e médio prazo?

Isso condiz com os meus valores e princípios?

Terei que "repriorizar" outras atividades e demandas para atender ao novo pedido?

Fazer isso irá custar meu tempo, a minha saúde física e mental, a tranquilidade, o tempo de lazer, o tempo com os amigos e a família?

Isso me ajudará a progredir na carreira e na profissão?

As respostas francas vão orientar o processo de racionalizar qualquer nova situação, portanto tenha a certeza de providenciá-las antes de sair disparando uma metralhadora de "sins" que poderão trazer prejuízos à alta performance, à carreira e à saúde.

Chegamos, então, em uma das partes mais sensíveis, que é "como" externalizar, comunicar sua posição, seu pensamento, uma etapa sobre a qual também quero sugerir caminhos para abrandar o impacto da sua resposta.

Agradecimento + Sim/Não:

Sim, seria uma honra!

Sim, agradeço por me oferecer!

Sim, agradeço por me possibilitar!

Agradeço por me confiar, mas não será possível!

Agradeço por me possibilitar, mas não faz sentido para mim!

Agradeço por me oferecer, mas não terei tempo!

Agradecimento + Sim/Não + Justificativa: diferentes estudos indicam que quando se toma uma posição e se faz uma recusa acompanhada de compreensível justificativa, a mensagem é amenizada para quem recebe. Por isso, o uso de justificativa pode proporcionar maior nível de segurança emocional, quando tiver que dizer "não". Vejamos outras possíveis justificativas:

— Não disponho atualmente de tempo para absorver isso da forma que eu gostaria e que a empresa merece!
— Já me comprometi à outra atividade, por isso não faria sentido para mim neste momento!
— Preciso entender melhor suas expectativas para saber se poderei atender!
— Preciso amadurecer melhor a ideia antes de responder!

Agradecimento + Negociação: observe que a negociação também prevê excelentes justificativas:

— Precisaria de apoio adicional para aceitar!
— Precisaria abrir mão de outra atividade para absorver a nova solicitação!
— Podemos olhar tudo o que tenho em mãos atualmente para readequarmos as prioridades?
— O que, em sua visão, eu poderia deixar de assumir e delegar para atender ao novo pedido?

Você já se perguntou quantos "nãos" os diretores executivos, presidentes, CEOs precisam dar, todos os dias? Perceba que o indigesto "não" de outrora, acompanhado de racionalização e de uma cordial estrutura de justificativa, transmite a mensagem ao mesmo tempo em que ressalta o tom de responsabilidade, maturidade e consciência. Os altos executivos, profissionais seniores de carreira desenvolveram essa habilidade com o passar dos anos, então a minha sugestão é que comece imediatamente a treinar-se para colocar em prática esse formato, em busca de maior tranquilidade, leveza e confiança para posicionar-se e sempre que necessário expressar seu "não" com segurança e sabedoria.

2.6. CALENDÁRIO PREVISÍVEL

Se pudermos antecipar prazos e inserir previsibilidade, por que sofrer e correr?

Toda empresa e função possuem o que chamo de "atividades-calendário". Da mesma maneira que celebramos Ano Novo, Carnaval, dia das mães, Festa Junina, dia dos pais e por aí vai, algumas atividades-calendário são "padrões" para os funcionários. Por exemplo:

- Estabelecimento das metas de desenvolvimento;
- Estabelecimento das metas de resultado;
- Treinamentos e reciclagens em procedimentos internos;
- Renovação do ASO (atestado de saúde ocupacional);
- Avaliação dos pares e superiores;
- Consolidação das metas de performance;
- Consolidação dos resultados individuais.

Todos sabem que esses e outros pontos fazem parte do calendário anual corporativo. No entanto, todo ano tais demandas deixam grande parte dos profissionais em modo *rush* e parte dessas atividades é feita sem a devida importância ou sob uma atmosfera de pressão, o que me motivou a trazer o insight para o livro.

Ao longo da carreira, vi muitas e muitas situações. Por exemplo, ao se avizinhar a data de entrega do *budget* de produção, a equipe passava dias e noites trabalhando para cumprir os prazos. Ora, a demanda já não era esperada? Não fazia parte do calendário anual de entregas? Por isso, devemos pensar de maneira antecipada e agir de forma proativa.

Há, ainda, atividades-calendário inerentes à função exercida, como relatórios quinzenais, mensais, revisão anual e consolidação anual de budget, auditorias, enfim, enorme variedade que depende de cada função ou atividade.

Tanto as atividades-calendário da empresa quanto das funções, uma vez combinadas e avaliadas à luz do conceito de Pareto (refiro-me à regra dos 80/20), correspondem tranquilamente a cerca de 80% da quantidade de entregas que o profissional terá, com prazos definidos, ao longo do ano. Claro, há algumas divergências em menor parte dos casos (funções), porém vamos nos ater ao padrão que é observado e pode ser utilizado para que você possa agir de forma antecipada.

Outro conceito importante é que, conforme o profissional adquire conhecimento na posição e amadurece durante a trajetória, vai se tornando capaz de expandir o horizonte de tempo em relação ao que está trabalhando. Por exemplo, alguém que atua no varejo fazendo vendas ao consumidor final e atuando com nível mais "júnior" estará preocupado com as vendas diárias, focado em bater o resultado mensal. Seu gerente estará sim pensando no resultado mensal, porém com o olhar mais apontado aos horizontes trimestral e anual, para que haja consistência no negócio. O diretor de operações deverá ter uma visão muito mais estratégica, para garantir que a empresa ou o negócio esteja indo na direção correta, com um horizonte mais ampliado, um a três anos. O CEO, ao mesmo tempo em que cuidará para que a entrega de resultados aconteça no curto prazo, também terá um olhar para médio-longo prazo, isto é, com perspectiva superior a três anos, pensando na geração contínua de valor, na perpetuação do negócio, na rentabilidade, no relacionamento com os investidores.

Bem, voltando às atividades calendário, em todos os níveis, é preciso haver planejamento no mínimo anual, que pelo menos alcance as atividades recorrentes do calendário. Mas não seria justo colocar uma bomba em seu colo sem ensinar o desarme. Vamos aos exemplos.

Coloque avisos de agenda com antecedência: *PREPARATION IS THE KEY!* O preparo, o planejamento é a chave do sucesso e do cumprimento de prazos. Coloque marcos em seu calendário. Por exemplo, um mês antes da data em que o prazo de entrega de cada atividade-calendário deverá ocorrer. A programação desses avisos tem o papel de acionar gatilhos para começar o preparo de cada entrega, fazendo com que planeje com maior antecedência, providencie melhor suas entregas, aumente a qualidade e diminua o *rush* e a ansiedade do *deadline* a cumprir. Assim, passa a ser uma tarefa bem, bem mais leve.

Tenha visão anual: a partir dos avisos para cada atividade-calendário, faça um exercício de planejamento e pense em todas as entregas que terá ao longo do ano. Deixe tudo programado na agenda, organize o calendário para que possa trabalhar de forma preventiva e não reativa. Evitar o trabalho em modo de rush para cumprir suas entregas fará com que necessite negociar prazos apenas quando realmente tiver um trabalho diferente a entregar. Além disso, certamente conseguirá gerenciar muito melhor a ansiedade em relação às entregas, ao longo do ano.

Prepare-se ao longo do ano: para algumas entregas-calendário, o ideal é que se construa ao longo do ano. Pense, por exemplo, nas suas metas de desenvolvimento ou performance. No decorrer do ano, você seguramente realiza muito mais trabalhos do que consegue se lembrar quando, no final do ano, deve entregar a avaliação consolidada. Neste caso, uma boa prática que tenho e sigo há anos é compilar, em um arquivo separado, cada trabalho importante realizado, cada meta concretizada. Ao término do ano, para fazer o relatório ou preencher os resultados obtidos no sistema, está tudo pronto, bastando apenas copiar de um local a outro.

Cereja do bolo – conhecimento bom é conhecimento compartilhado: todo ser humano deseja ser reconhecido como bom profissional, capaz de fazer boa autogestão e ainda ajudar a equipe. Implemente as mudanças sugeridas. Quando tiver melhor domínio e gerenciamento das entregas, ajude os colegas da equipe, para que façam o mesmo. Aproveite esse conhecimento, esse *insight* para ajudar alguém que também precise de prestígio, isso o ajudará a ter mais credibilidade e contribuirá com a sua liderança indireta, atitude precursora para atingir um possível cargo mais alto.

2.7. REUNIÕES - A ARTE DE CONDUZI-LAS

Trabalhando no mundo corporativo ou em qualquer segmento do mercado, pensando em atuar com alta performance, construir boa reputação e, consequentemente, alcançar uma carreira de sucesso, devemos aproveitar ao máximo toda e qualquer oportunidade de exposição, de interação com outros profissionais, para mostrar nosso valor como profissional, nossas competências, habilidades e atitudes.

As reuniões que você terá ao longo do caminho podem ser uma ferramenta poderosíssima para projetar, a fim de que mostre suas qualidades e seja percebido por colegas, por gestores da organização, que começam a enxergar você de forma diferente, como um futuro líder, gestor, executivo da companhia. Ou, ao contrário, as mesmas reuniões podem minar ou travar sua carreira. A diferença entre o que há de acontecer consiste na maneira que se comporta e mais uma vez vou detalhar para que saiba o que fazer.

Espero mostrar justamente essa diferença, sugerindo técnicas e recursos para que faça boas reuniões, que crie o hábito de preparar-se para cada encontro, cada oportunidade de exposição.

O primeiro passo é quebrarmos uma crença que existe por aí: *reuniões não são apenas algo sem importância que sempre tomam o nosso tempo.*

É o típico compromisso que deve ser visto como ferramenta impulsora, geradora de visibilidade, que facilita construir boa reputação, além de agregar valor tanto para você como profissional quanto para a organização da qual faz parte.

Recomendo revisões semanais em seu calendário, além de programar um tempo dedicado a preparar-se para as reuniões. E mais, deixe esse tempo reservado na agenda.

Tanto faz se você será ou não organizador da reunião, se terá que fazer uma apresentação ou será apenas participante. De todo modo, o tempo de preparo pode e deve ser usado tanto para buscar mais informação sobre o assunto a ser discutido e revisar os últimos e-mails sobre o tema em questão, para que tenha todas as informações atualizadas. Ou, ainda, para buscar no LinkedIn o perfil dos profissionais que também participarão, caso ainda sejam desconhecidos para você. Na etapa de preparação, portanto, é válido mentalizar tanto o assunto a ser discutido quanto as pessoas que estarão na reunião.

Dê o tom: seja participante ou organizador, algumas perguntas iniciais são imprescindíveis para que os participantes tenham a percepção de que a reunião foi pensada, planejada, que tem alguém no comando para fazer com que ela ocorra da melhor forma, e não seja mero desperdício de tempo. As perguntas ajudam muito a dar o tom e a ter todos os participantes da reunião devidamente orientados, engajados para contribuir. Por exemplo:

- Todos aqui se conhecem? Se alguém não conhecer a todos, proponha uma breve apresentação individual;

- Hoje, vamos tratar de X, Y, Z. Alguém mais tem outro tópico que deveremos discutir?
- Alguém está com limitação de horário?
- Comente que restando alguns minutos para o fim, vai lembrar a todos que estão se aproximando do final, para que possa fechar a reunião com assertividade.

Apenas com essas colocações, você já demonstra preocupação e respeito genuíno com o tempo de cada participante da reunião, além de organização e liderança.

Sim, pode parecer bem básico, mas acredite que apenas uma minoria das reuniões conta com esses cuidados adotados pelo organizador ou por algum participante. Se ninguém o faz, a lacuna deixada é uma oportunidade em potencial para que você dê o tom e construa sua credibilidade.

Seja constante: quem procura a máxima alta performance, ao longo da rotina se depara com inúmeras reuniões com a própria equipe, pares, clientes, chefes, chefe do seu chefe, fornecedores, enfim, centenas de reuniões.

Com anos de estrada no mundo corporativo, pude ver muitos profissionais que se preparavam para a reunião, comportavam-se de maneira ativa, contribuíam, agregavam valor com ideias boas, porém o faziam apenas quando líderes de maior nível estavam presentes na reunião. Nas demais, com pares, com outras pessoas na organização, até o nível de energia mudava, o engajamento e a forma de contribuir. Isso, para você profissional, é um grande sinal de alerta, pois é o típico comportamento que esconde grande armadilha.

Há quem pense que é assertivo mostrar força, competência e agregar valor apenas quando as pessoas de maior nível estão envolvidas. Só não percebem que isso é um grande equívoco.

Por isso, trago a importância da consistência, para que você seja percebido da mesma forma por todas as pessoas da organização, sendo subordinados, pares ou líderes, pelas perspectivas horizontal e vertical. Ao posicionar-se bem nas reuniões de equipe, ou de outro departamento, você ajuda a construir credibilidade, mostrando sua liderança indireta, o que é percebido de maneira positiva e identificado como alta performance laboral. Portanto, não abra mão da consistência.

Fechamento: independentemente de ser organizador ou participante, é o momento de revisitar os pontos mais importantes que foram discutidos, pontuar o que ficou definido e concordar sobre as ações que foram acordadas. No fechamento, quem conduz precisa ter grande poder de síntese, organização e, obviamente, iniciativa. Fazendo o fechamento da reunião, você inclusive tem a possibilidade de ajudar a delegar ações que ficaram pendentes, estabelecer (sugerir) prazos, além de assumir a liderança da reunião estendida para o pós-reunião.

Para que você saia de coadjuvante a protagonista de uma reunião, de profissional comum à figura que será notada e valorizada, utilize as reuniões a seu favor, sempre colocando em prática as quatro etapas: prepare-se, dê o tom, seja constante e feche.

2.8. O DILEMA – QUALIDADE VS. QUANTIDADE

No mundo corporativo, no comércio, na indústria, no terceiro setor ou em qualquer segmento, podemos cravar uma certeza: um negócio é uma “instituição” cujo principal objetivo é ser lucrativo e não ser perfeito. Entender isso é imprescindível para que você seja o mais assertivo possível na realização do trabalho, na condução de seus projetos, no preparo dos relatórios, nas reuniões e na entrega de demandas.

É consenso também que há profissionais com os perfis mais variados. Algumas pessoas, mais do que outras, têm alto grau de exigência. Em geral, são muito capazes, donas de grande conhecimento, mas buscam fazer seu trabalho com perfeição ou até mesmo "à prova de falhas". Ora, como a sabedoria popular bem define, "o tempo é inimigo da perfeição". Em outras palavras, quem procura fazer o trabalho perfeito não tem tempo para cuidar de outras entregas que a empresa ou o negócio demandam.

No mundo dos negócios, em que tempo é crucial para a dinâmica do dia a dia, há que se ter equilíbrio entre a qualidade das entregas e a quantidade. Isso significa que a busca da perfeição pode fazer com que a velocidade ou quantidade de entregas se torne baixa e inapropriada às necessidades.

Por outro lado, há também aquele perfil que está mais focado em quantidade do que qualidade. Quando há desequilíbrio entre a quantidade e qualidade, de forma que a qualidade sai prejudicada, a transmissão de erros e problemas passa a comprometer outros profissionais, outros níveis hierárquicos, o que acaba gerando retrabalho.

Para definir essa relação de desequilíbrio, gosto de usar a seguinte expressão em inglês *garbage in, garbage out* ou "lixo entra, lixo sai", isto é, não há compromisso em entregar algo bom e sim em entregar qualquer coisa. Isso caracteriza o outro extremo de quem busca a perfeição na qualidade da entrega.

Ambos os desequilíbrios entre qualidade e quantidade podem ser danosos para a empresa e a carreira. Essa relação quantidade versus qualidade me faz lembrar a história de Roberto, diretor comercial de uma empresa multinacional do segmento têxtil. Permita-me compartilhar.

Roberto precisava melhorar os resultados do negócio para o próximo trimestre e pediu ajuda a Silvia, escolhida pela familiaridade que tinha para trabalhar com dados, planilhas e análises.

Prontamente, Silvia levantou informações de histórico de vendas, margens, custos, lucro, despesas dos últimos dois anos. Com os dados em mãos, quis fazer uma planilha automatizada e gráficos interativos, usando linguagem de programação, entre outros recursos.

Silvia queria que fosse a melhor planilha possível para servir como referência ao time de vendas. Acontece que os ajustes técnicos levaram tanto tempo que ficou três semanas trabalhando na planilha. Ou seja, o resultado do trimestre poderia já estar comprometido.

Com urgência, entendendo que a solução de Silvia não ficaria pronta a tempo, Roberto então propôs a ela oferecer a ajuda de Matheus, um profissional que tinha grande agilidade. De imediato, Matheus sugeriu a Silvia que partilhassem os mesmos dados, alegando que se fizessem o tratamento de dados mais rápido e manualmente, alguns gráficos simples bastariam para entregar o trabalho a Roberto com qualidade e rapidez.

Matheus assumiu a liderança do trabalho e em pouco mais de uma manhã, foi capaz de compilar dados, criar gráficos comparativos, sugerir novos preços e propor uma estratégia de vendas para recuperar resultados. Antes mesmo de fazer uma revisão em seu trabalho, Matheus encaminhou a Roberto e começou a trabalhar em uma nova demanda.

Ao receber o relatório, Roberto, como de costume, foi entender em detalhes o estudo. Numa primeira análise, verificou que Matheus havia feito os gráficos com dados anuais, enquanto precisava de uma visão comparativa mais específica, por trimestre. Além disso, faltava identificar os motivos para redução de margem em algumas vendas específicas, o que seria determinante para reverter o cenário do trimestre. Por fim, os custos atuais tinham se atualizado, e os gráficos se referiam a custos passados, que não dariam informações suficientes para tomada de decisão.

Roberto, diretor comercial, pediu que Silvia e Matheus trabalhassem juntos na revisão do estudo, para que este de fato apresentasse as informações estratégicas necessárias.

O que observamos nesse caso são extremos: de um lado, o profissional que busca a perfeição com baixa velocidade de entrega. Do outro, aquele cujo foco está na velocidade de entrega sem atenção devida à qualidade.

Pergunto a você: qual é o seu perfil em termos de equilíbrio qualidade versus quantidade de entregas? Está adequado para atender às necessidades da empresa em que trabalha, sem gerar problemas ou complicações?

Costumo entregar mais ou menos do que a média dos meus colegas?

Na maioria das vezes, recebo *feedback* positivo ou negativo sobre a quantidade de entregas?

E sobre a qualidade?

Consigo melhorar minha velocidade de entregas?

Onde, geralmente, dedico tempo durante a realização das tarefas?

Ao responder essas perguntas, busque fazer uma autoanálise, principalmente visando se calibrar e rever o tempo para realização das suas atividades e a respectiva qualidade.

O objetivo é que possa entender onde estão as oportunidades de melhoria na sua forma de atuar, especificamente no que diz respeito às entregas.

Vamos ainda explorar a visão que a empresa poderá formar sobre os profissionais com diferentes perfis de entrega dessa relação quantidade e qualidade. Para isso, observe a representação a seguir:

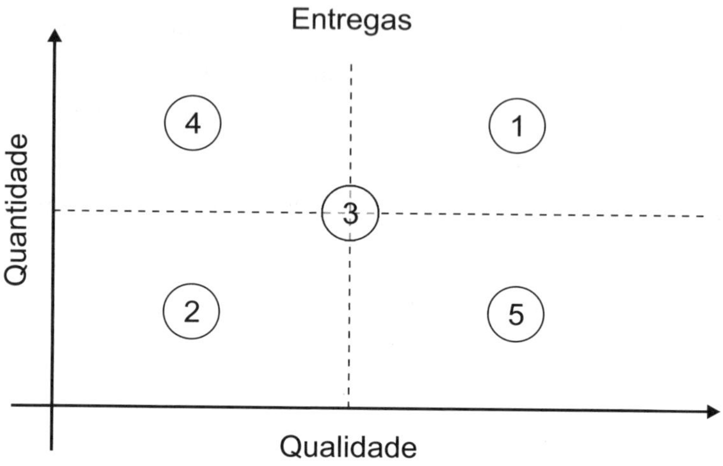

Figura 2 – Matriz de Qualidade vs. Quantidade de entregas.
Fonte: elaborado por João Gonçalves.

1 – Alta qualidade e alta quantidade: normalmente, são os *high-performers*, ou talentos das companhias, profissionais que mesmo com elevado padrão de qualidade e exigência são capazes de manter bom nível da qualidade e da velocidade de entrega;

2 – Baixa qualidade e baixa velocidade: são profissionais, provavelmente, com baixa performance e que devem ficar atentos em relação à sua continuidade na organização. São casos de *under-performers*;

3 – Velocidade e qualidade média: possuem bom equilíbrio entre a velocidade de entrega e a qualidade necessária. Tendem a trabalhar cada vez mais em direção à "1", às vezes pendendo mais para o lado da qualidade, às vezes para o lado da velocidade. Geralmente são profissionais que entregam satisfatoriamente;

4 – Baixa qualidade e alta quantidade: é comum que os trabalhos entregues por esses profissionais precisem ser revistos ou gerem problemas e ruídos internos. Neste caso, deve ser trabalhado para que a qualidade das entregas melhore. Isso pode revelar gaps de qualificação, de entendimento ou, em alguns casos, até mesmo de gestão, seja pela falha de comunicação ou pela ausência de um processo de desenvolvimento através de feedbacks;

5 – Alta qualidade e baixa quantidade: são profissionais perfeccionistas e atentos aos detalhes, que pensam demais, revisam muitas vezes, buscam soluções inovadoras, utópicas, diferentes, sofisticadas. Em geral, produzem trabalhos de alta qualidade, que não demandam ou requerem mínima revisão ou retrabalho. Em contrapartida, pecam pelo desequilíbrio com a quantidade de entrega. A depender da empresa, da posição e do que se espera, seu estilo de trabalho precisará ser revisto e ajustado para que não corra risco nem fique estagnado na carreira.

2.9. A VANTAGEM DE COMPREENDER OS CICLOS

Vejamos agora a importância da relação entre os recursos de autoconhecimento, capacidade de entrega versus tempo na função, versus motivação. E creia: é um combo interligado que posso exemplificar com uma situação da vida real.

Recentemente, conversei com Luísa, colega de trabalho que completava um ano de empresa naquela posição. Ela contou sobre o seu primeiro ano, suas expectativas iniciais e realizações, as pessoas que conheceu e com quem trabalhou, o trabalho e os processos. Toda a conversa foi muito agradável, e esse tom foi dado principalmente pelo nível de energia e otimismo de Luísa com as conquistas iniciais, com a sua fácil adaptação na empresa e na posição.

Na semana seguinte, foi a vez de marcar um café com Ricardo. Colega de anos, profissional dedicado, excelente reputação na empresa, conhece a todos e domina os processos como ninguém. É o típico profissional superdemandado por colegas e gestores, tamanha a sua bagagem e conhecimento acumulado em oito anos na posição e doze anos de empresa ao todo. O papo com Ricardo é sempre bom, principalmente por aprender bastante com ele.

Por outro lado, Ricardo costuma transparecer um ar de cansaço, de respirar todos os dias os mesmos problemas, de sentir-se estagnado, patinando na carreira. A energia de Ricardo está diferente de antes. Percebi que ele precisaria talvez buscar novos desafios e, de alguma forma, se reoxigenar na carreira.

Em ambos os casos, vê-se que Luísa e Ricardo estão em fases bem distintas de seus ciclos. Cada profissional que assume uma nova cadeira, sendo na mesma ou em uma nova empresa, passa por fases bem definidas, e cada fase revela "sintomas" conhecidos que podem refletir diretamente na performance ao longo do ciclo e indicam, como no caso de Ricardo, o momento de se atentar aos novos desafios.

Com o tempo, na mesma função, o conhecimento aumenta. Como resultado, torna-se capaz de aumentar as entregas, melhorando sempre a qualidade. Em dado momento, estará pleno na posição, com certo nível de maturidade e boa velocidade de entrega. Além disso, provavelmente se envolverá em outras áreas e projetos que vão além da sua região de responsabilidade. Em dado momento, já terá alta velocidade de entrega, grande conhecimento e senioridade para resolver qualquer situação que apareça. Acontecendo contigo, neste momento você poderá ser referência e terá como responsabilidade capacitar colegas mais novos de casa ou de função.

Pensando nisso, qual seria a importância de entender cada uma das fases de um ciclo profissional? Já pensou nisso?

Antes de responder, proponho que examine a representação gráfica que resume as fases principais de um ciclo profissional, com indicações sobre essas variáveis: conhecimento na função, nível de entregas e motivação.

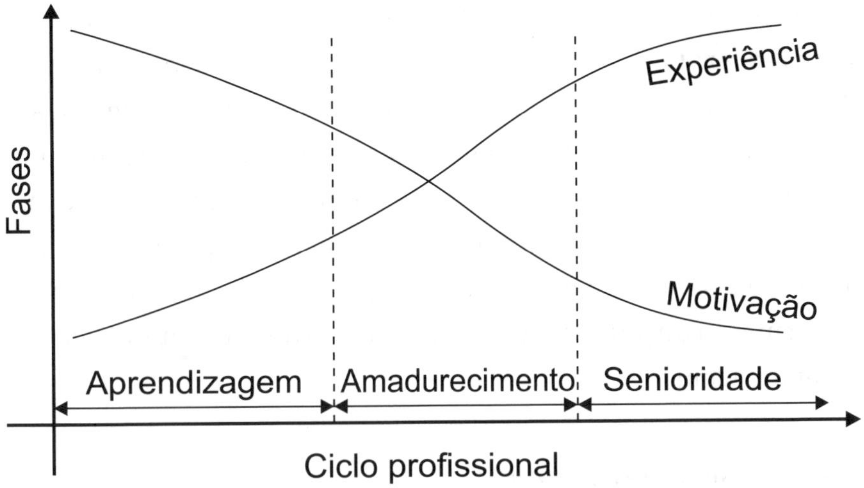

Figura 3 - Fases do ciclo profissional.
Fonte: elaborado por João Gonçalves.

Fase I – Aprendizagem

Na fase 1, o profissional é recém-chegado na nova cadeira, seja na mesma empresa ou em outra. É momento de se conectar a outras pessoas, de aprender a nova função e as respectivas responsabilidades. Além disso, o conhecimento para a nova posição precisará ser construído. A velocidade das entregas ainda aumentará. Geralmente, depende ainda de aprovações e revisões dos líderes ou mesmo dos colegas mais seniores, sendo que o grau de dependência ainda é alto. Por isso, alguns profissionais costumam ter certa ansiedade e tecer diversas perguntas.

Será que vou dar conta?
Será que vou performar bem?
Será que vou conseguir aprender tudo isso?

Essas e outras incertezas geram ansiedade. Um dos benefícios de conhecer cada fase é ter a chance de gerenciar as expectativas da melhor forma.

Por outro lado, nesta fase inicial que pode levar semanas ou meses, o profissional chega com motivação e disposição para mergulhar fundo, para trabalhar nos casos mais complexos, até mesmo naquilo que outros não puderam resolver. Neste momento, ele rompe barreiras, conecta-se a outros profissionais, constroe sua "rede de relacionamentos operacional" para a nova posição. Boa parte da performance dependerá da prontidão para construir e consolidar sua rede de contatos durante a fase de aprendizagem.

Fase II – Amadurecimento

Reiterando que tais fases vão se repetir em qualquer negócio ou setor, o profissional, que aprendeu o básico para a função, provavelmente desenvolveu alguma autonomia e aprendeu a "se virar". Já conheceu as pessoas de quem precisará para ter o seu trabalho realizado e sabe a quem recorrer quando precisar de ajuda.

Como o conhecimento já está aprimorado, a capacidade e a qualidade de entregar também melhoram, já que passa a ter uma visão mais integrada e sistêmica do negócio. O que antes era ansiedade e preocupação pelo desconhecido, começa a se transformar em confiança.

A gestão delega mais aos que estão nessa fase mais madura. Além disso, o profissional já começa a ser capaz de apresentar soluções mais elaboradas para os problemas.

Em relação à motivação, ela pode continuar crescendo com o aparecimento de projetos, desafios e realizações. Afinal, os profissionais já estão há meses ou até poucos anos na posição.

Fase III – Senioridade

O profissional está em constante aprimoramento, até que alcança a fase da senioridade. Além de contar com uma vasta rede de contatos operacionais, o profissional tem bom acesso e trânsito com os líderes. Também é demandado por colegas mais juniores e de menor tempo na função. Além disso, tem uma visão tão ampla, que passa a gerar soluções eficientes e rápidas à maior parte dos problemas, por já ter visto de quase tudo em sua trajetória.

Nesta condição de senioridade, você já é colaborador de confiança e ganha espaço, visto como imprescindível ao andamento do setor e do negócio, acumulando a nobre e consequente responsabilidade de desenvolver profissionais mais novos.

Já aprendeu quase tudo o que precisava e podia para o cargo. No entanto, é neste ponto da carreira que surge o risco de começar um processo de perda do encantamento e da motivação. Tudo aquilo que já desafiou pode parecer mais do mesmo. Muitos profissionais começam a sentir-se desanimados, cansados da rotina, da pressão ou de ambos, descontentes com a empresa e suas posições, em constante desacordo com as metas, ou até mesmo infelizes na carreira. É comum a sensação que está patinando ou estagnado. É nesse momento que o profissional pode querer e precisar de uma mudança, seja um novo desafio, uma promoção, novo cargo ou nova empresa.

Além de ser um importante processo de autoconhecimento, dominar esses ciclos traz outra vantagem: você será capaz de identificar em que momento está e prever o que virá a seguir.

Por exemplo, se você já possui senioridade na função, sabe que precisará agir em breve para continuar evoluindo na carreira ou evitar a sensação de estagnação e perda de motivação. Com isso, ainda na fase de amadurecimento, pode pensar no próximo passo profissional, desenvolver competências técnicas e comportamentais para uma próxima movimentação, seja de posição ou de empresa, mantendo-se em alto nível de ânimo e motivação, entregando resultados relevantes e construindo uma carreira de sucesso marcada pela alta performance, seja no mundo corporativo, no comércio varejista ou atacadista, numa ONG, num empreendimento solo ou em grupo, no mercado financeiro ou onde quer que você concentre sua energia e vitalidade profissional.

Agora, precisamos expandir um pouco mais o horizonte e olhar além dos ciclos. Vamos falar sobre as estratégias para construir uma carreira de sucesso no mundo dos negócios.

2.10. PLANO DE CARREIRA

2.10.1. Origem e destino

Como toda ação e reação, ou tal qual um sonho que precisa ter início e necessita que se defina aonde vai, a carreira também precisa ter bem definido os pontos de origem e destino? Ou a linearidade é o caminho mais assertivo? Vamos investigar agora.

Todos os grandes *players* e os exitosos que conseguiram construir *cases* inspiradores, quando estavam prestes a adentrar no mundo corporativo ou em qualquer ramo, algum dia idealizaram como seria sua carreira. Muito provavelmente, o resultado deste exercício de idealização foi algo parecido com isso:

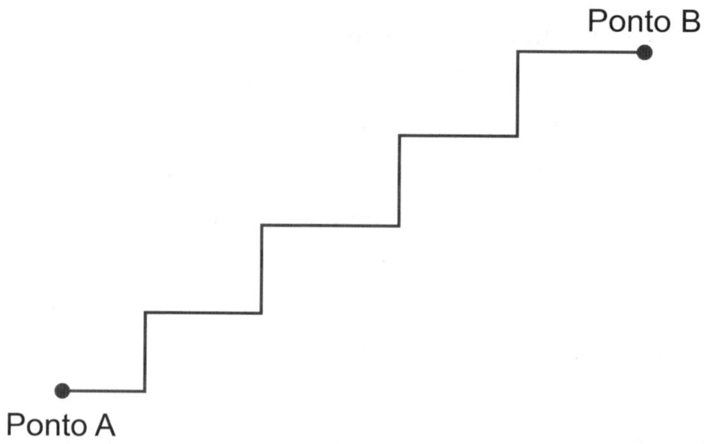

Figura 4 – Representação ilustrativa da carreira sonhada.
Fonte: elaborado por João Gonçalves.

Vejamos a tendência da maioria no sentido de pensar linearmente, imaginando a carreira como uma sequência de etapas progressivas entre origem (Ponto A) e destino (Ponto B). Seja uma carreira técnica ou de gestão, seja economista, engenheiro ou administrador, seja uma carreira construída em pequenas, médias ou grandes empresas, a idealização, na maioria dos casos, é linear e progressiva como uma sequência de degraus.

Mesmo em representações gráficas, quando você pesquisa o tema "plano de carreira", sempre vêm acompanhado por uma escada, um símbolo que transmite ideia de ascensão através de degraus, o que contribui para criação de um pré-conceito, no subconsciente, de que a carreira será construída desta forma, linearmente, sempre de forma ascendente e progressiva. Mas há sim casos onde isso é possível.

No entanto, existem movimentos de carreira que diferem totalmente do modelo linear convencional e progressivo.

Utilizando um pouco de abstracionismo, convido você a refletir diferentes formas de ir do Ponto A ao Ponto B.

Tendo o objetivo de carreira bem definido, mesmo que o caminho sofra alterações de rota, o foco fará com que a direção retome o rumo do destino planejado.

Imagine você iniciando uma viagem que parte da maior capital do país, São Paulo, e levará um mês. Você pode navegar pelo estado de São Paulo ou seguir para o Nordeste. Pode ir para a Europa ou China. Se decidir pela Espanha, por exemplo, há algumas formas de ir, algumas alternativas de companhias aéreas e diferentes rotas, inclusive marítimas. Porém você chegará à Espanha. Se, ao contrário, sair para qualquer lado, poderá alcançar China, Equador, Santa Catarina ou qualquer lugar.

Na carreira não é diferente. Com objetivo e destino final estabelecidos, sempre será capaz de reavaliar estratégias, enxergar possibilidades a cada momento e assim ir do Ponto A ao Ponto B.

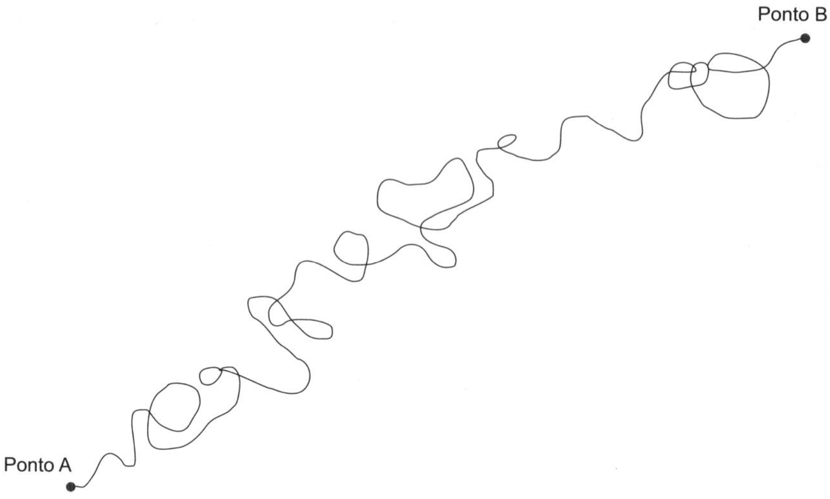

Figura 5 – Representação ilustrativa da carreira com suas nuances.
Fonte: elaborado por João Gonçalves.

O sucesso profissional de quem consegue sair do ponto A e chegar ao ponto B não reside no fato de ter conseguido pavimentar uma trajetória linear e progressiva de carreira, e sim em conseguir chegar ao Ponto B pretendido, seja pelo melhor caminho ou pela rota possível. Ora, para qualquer profissional que pretenda obter sucesso, o primeiro passo é entender qual é o local de destino a ser buscado enquanto posiciona a carreira no rumo da ascensão.

Fazendo comparação com um jogo de xadrez, a cada rodada o jogador precisa pensar suas estratégias, analisar alternativas e antecipar os movimentos do oponente. A origem é a formação inicial do jogo e o destino, o xeque-mate no rei.

No mundo corporativo e no mundo dos negócios pela mais abrangente perspectiva que se possa imaginar (todos os setores de mercado), a cada movimento da carreira, a pessoa se expõe a elementos e possibilidades diferentes. Para cada degrau, a exemplo do xadrez, é necessário pensar suas estratégias, analisar alternativas e antecipar movimentos que podem acontecer no setor, no departamento, na empresa, na concorrência, no mercado, na política, na economia, nas tendências e, especialmente, na tecnologia que se renova todos os dias. Há elementos que você conhece e pode controlar e outros que você desconhece que estão fora de seu controle.

Dentre os elementos passíveis de controle, por exemplo, destacam-se a possibilidade de se preparar, trabalhar as próprias competências, adquirir conhecimento, projetar novas posições de carreira e desafios para aumentar a alta performance.

Por outro lado, dentre as variáveis que não facilitam controle, há realce para “saber o que vai acontecer” com detalhes que envolvem o negócio, quando a posição que se deseja estará aberta, se o governo aumentará os incentivos tributários do setor, ou se surgirão pessoas tão ou mais qualificadas para disputar o mesmo espaço em sua próxima movimentação.

O plano de carreira é justamente a ferramenta que permite, de maneira prática e objetiva, estruturar-se da melhor forma possível para que tenha controle de todas as variáveis que possa administrar.

Apesar de existirem variáveis, o plano de carreira bem definido ajuda a tomar decisões importantes quando tais variáveis começarem a distanciar o objetivo.

Veremos a seguir aspectos que merecem nossa atenção quanto ao plano de carreira, incluindo *insights*, reflexões, situações do mundo corporativo e do mundo dos negócios em geral.

2.10.2. Protagonismo

Imagine que você planejou e agora está cumprindo um roteiro de viagem, cujo ponto de origem é sua casa e o destino, algum lugar onde queira passar as férias dos sonhos.

Seus recursos são tempo e dinheiro a investir para realizar o passeio, que pode ser sozinho ou acompanhado. Durante o trecho poderá escolher algumas companhias, outras não. O primeiro passo da tão sonhada viagem será definir o destino e apenas uma pessoa terá o mandato exclusivo da escolha. Esse alguém é você.

A carreira é como a viagem dos sonhos. Da mesma maneira que você é a única pessoa que realmente conhece mais profundamente suas preferências e vontades para escolher o destino dos sonhos, você é também a pessoa que conhece de forma mais profunda suas ambições, valores, possibilidades, expectativas e sonhos, elementos que guiam a decisão sobre o objetivo da carreira. Logo, o autoconhecimento é determinante para a definição de onde quer chegar à carreira.

Sendo você roteirista dessa viagem dos sonhos, pode customizá-la do modo mais conveniente. Se quiser ir de avião, navio ou carro, é escolha sua. Se, ao longo da viagem, quiser ir a um restaurante caro ou apenas comer um rápido lanche no meio da rua, você é o roteirista e escolhe. Se quiser estender a estadia na cidade que mais agradou ou deixar de ir a um passeio por indisposição, você decide de acordo com a vontade e as possibilidades.

E o que acontece se, usando outra estratégia, você contrata um pacote de viagem para o destino? Talvez até obtenha uma experiência positiva, mas pode ser que não consiga tomar aquele cafezinho na cafeteria charmosa que desejava, ou não possa ficar um tempo extra contemplando a paisagem que mais impressionou. Com o pacote turístico, você simplesmente fica à mercê de um plano feito por outros para encaixar qualquer viajante. Será que este plano se ajusta bem a você?

O roteirista e protagonista da viagem dos sonhos têm autonomia e liberdade de decisão para seguir a viagem que desejar, da maneira que convier para alcançar o destino.

Levando a metáfora até a carreira, quando você é protagonista e tem um plano de carreira (roteiro) definido, está no controle e possui liberdade para decidir, situação em que **você** guiará permanentemente a busca do objetivo profissional. Além disso, como roteirista e protagonista da carreira, pode evitar o investimento de tempo e energia em projetos ou posições que estão em desacordo com os propósitos, as expectativas e o objetivo final.

Imagine, por exemplo, uma equipe de dez vendedores liderados por um gerente de vendas. Digamos que quatro deles tenham a pretensão de se tornarem gerentes. Um desses vendedores conseguirá ocupar o cargo quando o atual gerente mudar de posição. Para os outros três, o tão desejado cargo de gerente de vendas poderá levar meses ou anos na mesma empresa.

É importante salientar a diferença entre dois perfis:

a. o profissional que não tem plano de carreira definido ou deposita na empresa a responsabilidade sobre a sua carreira;
b. o profissional que age com protagonismo e, por isso, tem plano de carreira definido.

O protagonista decide e segue o plano, independentemente do emprego, enquanto o "não-protagonista" poderá esperar anos para ser o próximo gerente de vendas, mantendo-se estagnado e desmotivado. O profissional que é protagonista e possui objetivo definido é capaz de entender que a sua carreira não se resume a determinado emprego ou empresa, compreensão que permite tomar a decisão de buscar crescimento, mesmo em outra empresa, evitando que sua carreira fique estagnada. Já o profissional que espera sempre o reconhecimento da empresa, tende a aguardar o seu momento, em vez de buscar espaço.

Assim, encorajo vocês, empreendedores, *players*, profissionais (celetistas ou não) que buscam a máxima alta performance em qualquer carreira do mundo corporativo ou do mundo dos negócios visto pela mais ampla perspectiva, a serem de fato protagonistas da carreira que sonham. Nesta jornada, o que faz a diferença e certamente atrai o sucesso consiste em três questões:

a. firmar o objetivo definido;
b. ter um plano de carreira desenhado;
c. fazer a gestão deste plano de forma ativa e não passiva.

Há profissional que deposita exclusivamente nas empresas a responsabilidade sobre sua carreira, esperando ser reconhecido e promovido até chegar aonde deseja, na velocidade que almeja.

Sejamos justos, as empresas proporcionam sim muitas possibilidades de desenvolvimento, crescimento e consolidação de carreira, no entanto, é necessário ter a clareza e o entendimento de que apenas uma minoria será reconhecida, promovida, obtendo crescimento linear e progressivo. Ao mesmo tempo, é ingênuo ou romântico demais imaginar que todos, simultaneamente, consigam avanços.

Portanto, você deve buscar entender, dentro do contexto da empresa para a qual trabalha, como fazer parte da citada minoria que há de avançar.

Por último, a elaboração do plano de carreira e a comunicação deste para a empresa são partes fundamentais e indissociáveis da ascensão, do sucesso que todos os profissionais de alta performance merecem.

2.10.3. O plano de carreira aos olhos dos profissionais e da empresa

É importante citar que no mundo dos negócios, aos olhos de muitos, o termo "plano de carreira" parece se confundir, assim como há empresas que usam a mesma expressão com sentido diferente. Por exemplo, a empresa possui "alguma" regra de avanço de carreira e acaba por denominar esse conjunto de regras próprias como "plano de carreira".

Confiando nessas regras, o colaborador às vezes transfere para a empresa a responsabilidade sobre sua evolução de carreira e tem a falsa impressão de que "alguém" tem olhado seus passos e zelado por seu avanço na carreira. Ora, a pergunta fundamental surge:

como a empresa seria capaz de traçar um plano de carreira para qualquer colaborador, respeitando todas as incertezas existentes?

A lista de incertezas a exemplificar não é pequena. Por exemplo, ao ter que aumentar ou reduzir posições e respectivos colaboradores, o momento em que cada profissional deixar a empresa ou mudar seu plano de vida, quando o negócio há de expandir ou reduzir suas atividades na região, etc. Variáveis assim são comuns e a cada movimentação, a empresa precisa planejar, recalcular, agir, reagir, decidir e se reestruturar, fazendo com que o quadro esteja completo e pronto para manter o negócio. Se a empresa alega ter um plano de carreira, inevitavelmente esse sistema fica exposto a essas e outras variáveis que, consequentemente, comprometem o plano e, por sua vez, também pode deixar de cumprir ou atender os objetivos.

Outro termo que costuma ser confundido com o plano de carreira, principalmente entre os profissionais que não atuam na liderança ou na área de recursos humanos, é o plano de cargos e salários, termo que de forma simples, é uma ferramenta para aumentar o nível de detalhamento e organização das funções em relação à descrição de atividades, além de clarificar a faixa salarial inerente a cada cargo. No entanto, não tem a premissa de trazer regras para promoção, reconhecimento ou compromisso com a evolução da carreira dos colaboradores.

Por outro lado, quando a empresa possui plano de cargos e salários, é bastante positivo, já que responsabilidades, atribuições e cargos são definidos, firmando uma maior clareza em relação ao que se espera do profissional que ocupa cada posição. Isso significa dizer que fica mais fácil entender quais competências técnicas e comportamentais são requeridas para cada cargo, elemento valioso para que você consiga preparar-se tecnicamente, desenvolvendo as competências requeridas para o próximo nível da carreira.

Importante ressaltar que a empresa valoriza os profissionais que têm plano próprio de carreira ou, ao menos, um claro objetivo de carreira, estratégia que demonstra amadurecimento e comprometimento com o desenvolvimento pessoal, uma vez que a consequência direta é a boa entrega de resultados.

Ato contínuo, profissionais que estão mais comprometidos com o próprio crescimento e com a entrega de resultados têm maiores chances de alcançar altos cargos, de crescer e ajudar a empresa a crescer. Ou seja, é um ciclo de visão e ação, quase sempre cumprido por aqueles que escolhem ser e agir com protagonismo na carreira.

2.10.4. Tipos convencionais de carreira

Outra abordagem que também traz bastante confusão com o plano de carreira são os tipos. Quem atua no corporativo e em outros setores certamente já escutou expressões como carreira linear, carreira em Y, em W, mista, entre outras. O tema está muito mais relacionado ao estabelecimento das possibilidades e caminhos por parte da empresa (para que os colaboradores possam avançar na carreira) do que a um plano de carreira. Novamente, seria ingênuo pensar que ter uma sequência de etapas previamente definida, como ocorre no caso das carreiras lineares, em Y ou W, seria o suficiente para conduzir o plano de carreira de cada colaborador, sobretudo de acordo com o tempo que cada um determina como expectativa para crescer e avançar na carreira.

Vamos entender que uma variável importantíssima diferencia o plano de carreira do profissional dos tipos de carreira oferecidos por empresas: o tempo.

Quando o profissional constrói seu plano de carreira, deve incluir o objetivo (aonde quer chegar), como fará e quando deseja chegar ao objetivo. Quanto aos tipos de carreira, há sim o caminho definido, porém a variável tempo geralmente permanece indeterminada.

Lembre-se do exemplo da equipe de dez vendedores. A empresa oferece carreiras lineares e em Y. Dentre a equipe, quatro vendedores querem seguir para a gestão e outros preferem avançar, porém permanecendo na atuação mais técnica. No exemplo anterior, havia uma posição de gerente de vendas, o que significa que apenas um vendedor será promovido quando a posição girar. Aqueles que gostariam de seguir uma atuação mais técnica almejam o cargo de gerente de produtos. Mas, neste caso, quando a posição girar, também só existirá uma oportunidade.

Observe que apesar de a empresa ter os tipos de carreira definidos, que podem ser todos os que mencionei, a variável tempo não pode ser controlada.

Em resumo, tenha clareza sobre as possibilidades de avanço de carreira que a empresa ou o negócio oferecem, contudo, não confunda isso com plano de carreira, que deve ser algo bem maior e transcendente ao emprego atual, embora os tipos de carreira cumpram o papel de gerar e manter o foco entre uma movimentação e outra.

2.10.5. Plano de carreira — o que se pode considerar movimentação real

Como foi possível compreender, condicionar o plano de carreira aos tipos de carreira convencionais pode ser uma armadilha. Para evitá-la, compartilho alguns exemplos e movimentos comuns de carreira, esperançoso de que sejam *insights* valiosos para você pensar na sua carreira a partir de agora.

Volta por cima: trabalhei numa empresa multinacional que tinha os tipos de carreira técnica e gerencial, ou seja, em Y. Para um engenheiro, levaria em média cinco anos para ser promovido do status júnior a pleno, e entre cinco a sete anos para ser promovido de pleno a sênior. Com mais cinco anos, possivelmente o engenheiro viraria especialista, já avançando para mais de quinze anos. No entanto, houve alguns casos em que os profissionais trabalhavam por alguns anos na empresa, saíam para outra experiência no mercado e voltavam após dois ou três anos, com outra visão mais abrangente e num cargo mais sênior ou especialista. A movimentação acelerou a carreira desses *players* entre cinco e oito anos, considerando o cenário de permanência, se tivessem seguido o modelo de carreira em Y.

Outro exemplo aconteceu também no lado gerencial. O profissional deixou a empresa em um nível técnico como engenheiro, foi para o mercado e retornou após poucos anos, numa posição de alta gerência, a típica movimentação que é mais comum do que se imagina no mundo corporativo e nos segmentos mais variados do mercado. Todos nós devemos ter em mente que isso demonstra a capacidade de fazer a gestão da carreira de maneira ativa.

Empresa menor, cargo maior: não é regra absoluta, porém denota um movimento recorrente, principalmente em níveis de liderança. Diga-se de passagem, é uma estratégia que os executivos utilizam para se prepararem rumo às altas posições.

Para ilustrar, usarei o exemplo de um gerente sênior que atua numa grande multinacional, cuja carreira tem sido construída na área comercial, com a pretensão de ocupar o cargo de diretor executivo, posição que nesta empresa exemplificada acumula não apenas responsabilidade pela área comercial, mas também por marketing e *supply chain*. Esse gerente sênior, contudo, não terá possibilidades reais de qualificar-se para a posição, pois a empresa buscará de imediato algum “player que já jogou e tenha visão” dessas diferentes áreas comercial, marketing e *supply chain*. O gerente sênior, então, estrategicamente decide buscar outra oportunidade de crescimento que o possibilitará construir a visão dessas outras áreas. Ele então encontra uma posição de gerente em outra empresa menor, com a seguinte leitura: pelo porte menor da empresa, o gerente acumula responsabilidades em áreas como comercial, *supply chain* e marketing e, dessa maneira, conseguirá desenvolver competências técnicas e comportamentais para futuros cargos executivos em grandes empresas.

Saída para crescer: outro movimento bastante observado é o que se inicia quando o profissional tem a sensação de estagnação, pois de acordo com o seu plano de carreira, entende que pode crescer mais, que conseguirá desenvolver outras competências técnicas e comportamentais, que ainda tem alta energia e motivação, que poderá gerar muito resultado onde estiver.

Imagine um gerente mais júnior com a pretensão de chegar a diretor de operações em uma indústria, competindo com outros quatro gerentes pouco mais seniores que estão nas respectivas posições há mais tempo. Obviamente, pensando num horizonte de curto e médio prazo, é improvável que o gerente mais júnior tenha possibilidades reais de concorrer à posição de diretor de operações, quando estiver aberta. A depender do *timing* que programou para ocupar uma posição de tal nível, o mais sensato a fazer será buscar posições disponíveis no mercado. Neste caso, há duas possibilidades: na primeira, já encontrar e ocupar a posição pretendida como diretor de operações. Na segunda, encontrar uma posição de mesmo tamanho (gerente júnior) num contexto em que está mais iminente uma preparação para sucessor do líder que atua como diretor de operações, mas está procurando um sucessor no mercado. Em ambos os casos, o avanço na carreira será mais rápido do que esperar na empresa atual.

Evidentemente, o que acabo de trazer revela apenas uma abordagem mais ampla sobre as possíveis movimentações de profissionais. Se fôssemos a um nível mais aprofundado de discussão, falaríamos também sobre *fit*, alinhamento de valores, cultura, expectativas, responsabilidades, competências, nível salarial, dentre outros requisitos que qualquer profissional deve levar em conta nas movimentações de carreira, além de unicamente o nome do cargo.

O fator que deve guiar o plano de carreira, primeiramente, é seu objetivo. No entanto, não se deve subestimar as armadilhas; tanto em transferir às empresas a responsabilidade por seu plano de carreira quanto à armadilha de se condicionar aos tipos de carreira pré-definidos (linear, Y, W, etc.), que limitam a análise estratégica das possibilidades em cada posição que ocupar.

Apresentei exemplos reais que divergem do trivial, que destoam dos tipos de carreira conhecidos e oferecidos pelas empresas. No entanto, são comuns no mercado e principalmente bem executados por quem decide ser protagonista da própria carreira. Então, nada mais natural do que oferecer a você um caminho, que apresento de imediato.

2.10.6. Como criar o seu plano de carreira

Tendo adquirido uma visão bastante ampla sobre a importância de definir um objetivo e ser protagonista da própria carreira, com atenção às possíveis armadilhas, chegou a hora de entender como criar o plano.

De início, é preciso entender que o plano de carreira é vivo e dinâmico, deve ser constantemente monitorado, acompanhado, gerenciado.

Vale lembrar que dentre as variáveis que mencionei, algumas são controláveis e outras não, o que exige estratégias repensadas, avaliadas a cada momento, a cada mudança na organização, a cada transição de equipe ou liderança. Em outras palavras, todo plano de carreira tem a premissa de ser flexível e adaptável, permitindo adequação de rota, apesar do objetivo permanecer inalterado.

Outro elemento para a elaboração do plano é representado pelas expectativas de remuneração. Considerando o longo prazo, você precisa ter ainda clareza quanto ao padrão de vida que deseja alcançar ao longo da carreira e da vida, além de saber que a sua ambição profissional refletirá diretamente na condição financeira e no padrão de vida.

Informações referentes a faixa de remuneração em diferentes cargos tem se tornado mais acessível nos últimos anos. Há diversas formas de pesquisar e obter esse tipo de informação com facilidade e qualidade, como sites especializados em remuneração e empresas de consultoria em recursos humanos que divulgam relatórios contendo as faixas de remuneração de mercado para vários cargos e diferentes níveis de senioridade. Com isso, a média de remuneração deixa de ser uma incógnita e passa a ser tão relevante que terá importante peso na criação do seu plano de carreira e de vida.

Apresentados os detalhes que correm às margens ou em torno das estratégias, vejamos as etapas fundamentais de preparação do plano de carreira.

Definir o objetivo da carreira: é a primeira e já citei a importância desta etapa em que você pensará sobre o nível que deseja atingir no mundo dos negócios, seja no corporativo, no empreendedorismo ou em qualquer segmento, em qual posição gostaria de ter na carreira. Algumas perguntas e reflexões podem ajudar a defini-lo.

Tenho perfil mais técnico ou mais voltado à gestão?
Como eu lideraria e desenvolveria pessoas?

Como eu lideraria e desenvolveria líderes?
Eu teria disposição para mudar de atividade?
O quanto me permito trabalhar diariamente?
Qual é o nível de responsabilidade que me faz sentir confortável?
Qual é o nível de risco com o qual consigo conviver?

O exercício das respostas (que devem ser totalmente francas) é importante para determinar em qual posição você se sentirá plenamente realizado como profissional.

Objetivo financeiro: é a etapa em que pode calibrar seu objetivo de carreira, pois é importante que o objetivo profissional e a expectativa financeira estejam em plena concordância para evitar, por exemplo, que sonhe em dirigir o carro do diretor da empresa, porém focando na máxima pretensão de ir até um nível de coordenação.

Etapas intermediárias: fazendo analogia com o conceito trazido pelo autor Gary Kroehnert em seu livro *Domando o tempo*, a obra explica que uma estratégia para se alcançar um grande objetivo é dividi-lo em partes menores, transformando o objetivo aparentemente ousado e distante em factível e viável.

A estratégia é perfeitamente replicável para o nosso contexto de plano de carreira. Neste caso, é importante que você seja capaz de identificar etapas, posições intermediárias que serão pré-requisitos para chegar ao seu maior objetivo de carreira.

De maneira prática, se você inicia a carreira, por exemplo, como analista, e tem a pretensão de um dia ser diretor, há de considerar que haverá posições intermediárias de coordenação e gerência, sendo que cada posição vai requerer preparo específico, com diferentes competências técnicas e comportamentais que deverão ser trabalhadas em cada momento específico.

Mapeamento de competências: após entender as etapas intermediárias para construir seu objetivo, eis o ponto de partida, mapear competências técnicas e comportamentais para alcançar o próximo nível, e não o objetivo final.

Na etapa, busque apoio para mapear competências exigidas. Procure alguém que com visão complementar e maior experiência possa enriquecer seu mapeamento de competências e seu planejamento, deixando o plano mais robusto e assertivo.

Como alternativa, pode pensar em seu gestor, em pessoas da área de recursos humanos, em algum mentor ou mesmo em profissionais dissociados da empresa, como o *coach* de carreira.

Plano para desenvolvimento de competências: o objetivo da etapa é planejar em detalhes como desenvolver cada competência requerida para a próxima posição na carreira, respondendo as perguntas corretas para estabelecer o plano de desenvolvimento em cada competência requerida. Recomendo utilizar o modelo 5W2H*, buscando responder às seguintes perguntas:

Qual (What) competência preciso desenvolver?
Por que (Why) é importante desenvolver esta competência?
Quem (Who) poderá me auxiliar neste processo de desenvolvimento?
Quando (When) preciso, quero ou poderei concluir?
Onde (Where) vou conseguir ter este desenvolvimento?
Como (How) irei desenvolver esta competência?
Quanto custará (How Much) este desenvolvimento?

Gestão ativa do plano: a evolução satisfatória exige de maneira imprescindível que o plano seja sempre revisitado, atualizado e definindo a periodicidade mais conveniente para você.

Utilize essas revisões para atualizar o status e o progresso do desenvolvimento das competências. Da mesma forma, quando for promovido, mudar de cargo ou função, faça novamente este exercício e atualize o plano, que deve ser um guia valioso para cada passo de sua carreira.

2.11. LIFELONG LEARNING E O MUNDO CORPORATIVO

Você, profissional que busca dar ao mundo dos negócios o máximo de sua alta performance para alcançar o melhor resultado possível na carreira, ou que está se preparando para isso, provavelmente já se deparou ou ainda vai encarar algumas incertezas sobre a formação acadêmica, com perguntas que se insinuam.

Devo fazer um mestrado, MBA ou pós-graduação?
Os cursos providos pela empresa são suficientes para o meu desenvolvimento e sucesso profissional ou devo buscar algo complementar?
Como me manter atualizado para seguir agregando valor às empresas e ter êxito profissional após décadas de atuação?

Para responder essas e outras questões, vamos entender juntos. O termo "lifelong learning", ou "aprendizado ao longo da vida", pensado ainda na década de 1970, trazido por diferentes organismos internacionais e com abordagens ligeiramente distintas, popularizou-se somente no século XXI. Contudo, o tema central apresentado pela Unesco, Conselho da Europa e OCDE (Organização para Cooperação de Desenvolvimento Econômico) já sinalizava a preocupação com o aprendizado contínuo ao longo da vida, incluindo a fase adulta, e que vai muito além do contexto de formação escolar que ocorre principalmente nas primeiras duas décadas de vida do indivíduo.

Em geral, o jovem adulto inicia sua caminhada no mercado entre 20 e 25 anos. Vivendo e atuando em nosso atual cenário do século XXI, o seu tempo de contribuição na caminhada poderá se estender, na maioria dos casos, até uma faixa etária entre 60 e 65 anos, ou seja, cerca de quatro décadas de atividade.

Somado a isso, empresas e organizações estão em constante transformação. A ciência, a tecnologia, os hábitos, a sociedade, tudo está em evolução contínua, o que faz com que profissionais também precisem manter-se atualizados e capacitados a todo o momento. A empregabilidade depende do profissional ser capaz de acompanhar estas constantes evoluções, continuando apto a resolver problemas e gerar resultados.

Aquele pensamento de que bastava fazer uma faculdade e uma pós-graduação ou MBA para se manter *player* no mercado já é conceito para lá de ultrapassado. Profissionais valiosos e relevantes do corporativo, do comércio, da indústria, do empreendedorismo e de quaisquer setores precisam ser e respirar *lifelong learning*.

As empresas estão atentas ao conceito e exemplos disso, há anos, têm sido vistos; criação de universidades corporativas, contratação de profissionais especializados em aprendizagem que irão traçar o perfil dos colaboradores, definição de competências técnicas ou comportamentais que a empresa precisa para continuar crescendo. Tudo isso está mais presente do que nunca. Em alguns casos, a empresa precisa formar. Em outros, terceirizar ou substituir, sempre com um olhar estrategicamente focado na formação ou manutenção do capital intelectual, para a saudável continuidade do negócio.

Além disso, sob a perspectiva do profissional, enquanto estiver na posição/empresa, poderá receber capacitação complementar para executar plenamente suas atividades. Em alguns casos, a empresa oferecerá capacitação para que evolua aos níveis seguintes. Em outros, precisará buscar por iniciativa própria. Dessa forma, tenha sempre claro que se a empresa estiver disposta a investir em sua formação e desenvolvimento profissional, ótimo!

Caso contrário, faça-o. Isso fará de você um *lifelong learner*, alguém que busca de forma ativa o melhor futuro para si, evitando ficar na passividade.

Outra visão importante é a formação, o próximo passo para a capacitação profissional e quando fazê-lo, questão comum a todo profissional e a qualquer tempo.

Gosto de refletir sobre duas perguntas antes mesmo de procurar respostas: se você for a uma entrevista de emprego hoje, concorrendo ao próximo nível que busca, quais são os requisitos que a empresa pede? Quem são os potenciais concorrentes e o que trazem de bagagem, de formação?

A resposta ajudará a refletir quais competências técnicas e requisitos trabalhar para estar apto ao próximo nível. O passo seguinte consiste em efetivamente buscar a formação necessária, tenha a colaboração de seu empregador ou não.

Há diferentes possibilidades para buscar respostas a respeito da formação desejada ou recomendada. Quando surge a primeira edição da obra que está diante de seus olhos, em pleno século XXI, o LinkedIn se mostra excelente fonte de informações, permitindo entender o perfil e formação profissional de pessoas que têm a mesma posição que você almeja. Outra fonte de informação são os *headhunters*, que podem assessorar e dar recomendações valiosas. Além disso, há obviamente gestores, *coaches*, mentores, colegas mais experientes e profissionais de recursos humanos a quem pode recorrer.

A abordagem do tema me fez lembrar Alana, coordenadora de logística na época, que trabalhava em uma grande transportadora. Alana era formada como técnica em logística e a transportadora, entendendo que a faculdade de administração seria fundamental para o desenvolvimento e o sucesso no cargo, apoiou a decisão dela, subsidiando o curso.

Após formada em administração e já com nove anos de empresa, Alana sentia-se pronta para o próximo desafio. Sabia que alguns gerentes de outras regionais haviam feito MBA. Por outro lado, via que a empresa estava crescendo, expandindo-se e, em vez de matricular-se no MBA, decidiu por uma especialização em comércio exterior.

Alana acertou em cheio. Apesar de ter investido do próprio bolso na especialização, antes ainda de concluir o curso, a empresa precisava de alguém para assumir a operação de transportes internacionais e a convidou a outro desafio, dessa vez o tão sonhado cargo de gerente de operações logísticas.

Veja que em alguns momentos a empresa investiu no desenvolvimento de Alana. Em outros, ela definiu sua estratégia e tomou a decisão de buscar a formação que considerava importante. Sua ação foi um sucesso.

Por outro lado, o *lifelong learning* vai além da formação apenas focada em desenvolvimento profissional ou de carreira. Tem um sentido mais amplo e está relacionada a toda aprendizagem que a pessoa terá durante décadas, e que ajudará a manter vivo o senso de pertencimento à empresa, à sociedade, a determinado grupo, assim como o senso de utilidade. Isso significa ter plena capacidade de aprender novas tecnologias, ferramentas, idiomas ou conhecimento específico (acadêmico ou não), de modo que o objeto da aprendizagem pode ser uma nova profissão, novo hobby ou estilo de vida, por exemplo.

2.12. APRENDIZAGEM AUTODIRIGIDA

Já vimos que o conceito *lifelong learning* transcende à educação formal, obtida em escolas e universidades por ocasião das primeiras décadas de vida.

Vimos também que existe o caráter de protagonismo, em que o profissional deve ter a responsabilidade por seu processo de aprendizagem na fase adulta da vida.

Por fim, é preciso entender que toda aprendizagem deve ter um propósito, pois se ela não é pertinente, surge o hábito ou vício de fazer cursos atrás de cursos, sem meta, horizonte ou objetivo. Além de se tornar um dispêndio de tempo, dinheiro e energia, pode tornar-se uma fonte de frustração e descontentamento.

O conceito de aprendizagem autodirigida nada mais é do que ser capaz de entender o que é preciso para aprender algo novo, buscando a aprendizagem de forma planejada e estruturada, de maneira formal ou informal.

Não vamos confundir com o autodidata, que estuda algum conteúdo e aprende por si. No caso da aprendizagem autodirigida, aprende-se através de cursos, experiências, pessoas, leituras, filmes, livros, eventos culturais de um modo geral e tantos outros modos.

A beleza da aprendizagem autodirigida é que cada pessoa tem a possibilidade de escolher os meios de aprendizagem que mais agrada e, por isso, recebe a chance de estruturar o próprio plano de aprendizagem. Para exemplificar, compartilho o caso das primas que resolveram criar a brincadeira do "Master Chef Family", com as apostas valendo a respeito de quem prepararia o bolo mais saboroso da família. O detalhe da história é que, dentre as concorrentes, nenhuma sabia inicialmente fazer qualquer bolo.

Como o evento seria nas festas de final de ano, cada prima teve tempo hábil para pesquisar, realizar suas descobertas e se preparar. Sofia, a mais velha, procurou logo matricular-se num curso de confeitaria que havia na cidade. Ela sabia que as melhores boleiras da região saíam daquela escola. O curso levava três meses, tempo suficiente para aprender algumas receitas e ser capaz de criar a sua.

Mariana, mais familiarizada com as plataformas digitais, passou a seguir as *influencers* e os canais das confeiteiras mais populares, anotando dicas e receitas mais apetitosas. É claro, as receitas que Mariana mais gostava eram colocadas em prática à sua maneira e para isso, propôs-se a fazer um bolo toda semana, para aprimorar suas técnicas.

O primo caçula Mario ficou ciente do inusitado concurso de bolo das primas e quis aventurar-se na brincadeira, por ter muito gosto pela cozinha.

Mario apreciava as receitas de família e foi logo consultar os papiros das tias ou avós para encontrar as mais tradicionais e famosas receitas, na tentativa de resgatar delícias tradicionais da família para experimentar, aprender e desenvolver sua versão de alguma receita.

Por fim, o concurso contava com Ana Maria, que preferiu tomar algumas sessões com a avó (fazendo uma espécie de *mentoring* familiar), cujas mãos talentosas e paladar sofisticado faziam da matriarca a mais admirada de toda a família, por seus pratos elaborados e saborosos que aprendera ao longo da vida.

Por meios e pesquisas diferentes, todos aprenderam a fazer seus bolos e puderam apresentar a obra nas festas de final de ano. Em minha próxima obra, prometo revelar em detalhes como foi essa bem-humorada apresentação. Por enquanto, a lição central da experiência a ser transferida para você é outra, muito mais importante, porque estamos falando de sua carreira, de sua alta performance.

Cada participante, perceba pela analogia, cumpriu uma jornada planejada, desde a escolha do objetivo inicial de aprender a fazer bolo para o concurso de família até a decisão de como iria aprender e, por fim, a aplicação do aprendizado. O concurso, em última análise, foi tão e somente por diversão, o pano de fundo para render boas risadas em família.

Assim funciona o processo da aprendizagem autodirigida, seja qual for o objetivo de conhecimento final, e chamo sua atenção para a clareza das etapas.

Vejamos o modelo O-P-E-C ("OPEC"), potencial facilitador do processo, que pode ajudar em seu direcionamento

O-bjetivo: definição daquilo que se quer ou precisa aprender, validando que a especificidade e o detalhamento não podem faltar;

P-lanejamento: avaliação das possíveis rotas (recursos) para aprendizagem formal ou informal, além da definição de prazos exequíveis e não românticos (prazo romântico é aquele impossível, por exemplo, quando a pessoa diz "vou fechar a boca e emagrecer 30 kg em uma semana");

E-xecução: percurso prático do caminho de aprendizagem definido na etapa de "P"; é uma etapa que recomendo avaliações constantes para ter a certeza de que está indo no caminho certo, respeitando o que foi traçado nas fases "O" e "P";

C-onsolidação: momento de aplicar o conhecimento adquirido, consolidar conceitos e colher os resultados dentro do prazo que você estipulou. Se essa fase não chegar, sugiro que avalie as três anteriores, especialmente as etapas "P" e "E", que costumam revelar problemas, falhas, *gaps* e procrastinações.

Observe que no exemplo da família com os bolos, cada processo de aprendizagem foi único e cada pessoa escolheu um caminho diferente a seguir e aprender, utilizando recursos ou se inspirando em pessoas mais experientes.

Partindo da premissa de que inúmeros estudos apontam a melhor aprendizagem durante a fase adulta por meio da experiência prática, vou compartilhar o modelo de aprendizagem 70:20:10, muito bem aceito em grandes corporações internacionais por sua eficácia no processo de aprendizagem de seus profissionais. Inclusive, uma grande fatia de *players* e empreendedores brasileiros dos negócios em geral já o adotaram. Vamos a ele...

2.13. O MODELO 70:20:10

Ao longo de décadas, diferentes iniciativas, experimentos, estudos e pesquisas sugeriram e verificaram que a maior parte da aprendizagem corporativa ocorria de maneira informal. Isto é, apenas uma pequena porcentagem da aprendizagem de profissionais ocorria através de cursos e treinamentos, enquanto a maior parte do aprendizado se dava de outras formas: com pessoas, colegas mais experientes, líderes, mentores, participação em projetos, com a própria experiência adquirida na realização das atividades, ou seja, *on the job*.

Com base nesses conceitos, alguns pesquisadores do Center for Creative Leadership (Centro para Liderança Criativa), com sede no estado da Carolina do Norte, Estados Unidos, conduziram pesquisas envolvendo aproximadamente duzentos executivos em 1996, visando entender como era o processo padrão de aprendizagem dos profissionais atuantes no mundo corporativo.

Os pesquisadores Robert Eichinger, Michael Lombardo e Morgan McCall identificaram um padrão e a partir disso concluíram que o processo de aprendizagem era, em geral, composto de três vias, e cada uma delas aparecia com frequência consistente. Com base nisso, o modelo 70:20:10 foi sugerido pelos pesquisadores com a proposta que vou resumir.

10% – Aprendizagem formal (por meio de cursos e treinamentos)

Destaque para cursos, treinamentos, *e-Learning*, certificações, MBA, especializações, pós-graduações, cursos em universidades corporativas.

20% – Aprendizagem social

O processo acontece pela interação com outros profissionais, líderes, pares, consultores, programas de *coaching*, *mentoring*, discussões entre grupos ou associações. No formato, o princípio é que toda pessoa tem algo a ensinar e através das interações isso acontece tanto de forma natural quanto de maneira orientada.

70% – Aprendizagem no trabalho (*On the Job*)

Na última via, a aprendizagem no trabalho se dá no desenvolvimento das atividades de rotina, do dia a dia, cumprindo o famoso "aprender fazendo", citando ainda a aprendizagem que resulta na participação em um novo projeto, um grupo de trabalho específico na empresa, uma força-tarefa, um novo desafio, a cobertura de férias de um par ou líder, a participação de reuniões, apresentações, dentre tantas outras formas.

O modelo, validado mundo afora como uma ótima referência, traz um detalhe: é importante ter claro e usar a referência como algo mais qualitativo do que quantitativo. Assim, ao definir uma estratégia de aprendizagem, seguir a relação exata proposta pelo modelo 70:20:10 pode ser um tanto desafiador.

O grande conhecimento para levar consigo está em saber que a aprendizagem ocorre sim por meio de cursos e treinamentos, mas também pelas pessoas (aprendizagem social) e *on the job*, no dia a dia de trabalho. Por isso, tenha sempre o cuidado de manter o equilíbrio entre as três vias apresentadas quando o objetivo for desenvolvimento, aprimoramento de competências técnicas e comportamentais.

2.14. COACHING E MENTORING

Através do estudo realizado por pesquisadores do Centro para Liderança Criativa, que culminou na elaboração do modelo de aprendizagem 70:20:10, pode-se observar a relevância que a aprendizagem social tem ao compararmos, por exemplo, com a aprendizagem formal das instituições de ensino.

Você já se perguntou sobre a íntima relação entre *coaching* e *mentoring*, processos agregadores e cheios de particularidades?

Exemplificando, sempre me lembro da passagem com Alberto e Ismael, amigos de infância, nascidos e criados numa pequena cidade ao norte do Paraná, que tiveram uma feliz experiência envolvendo *coaching* e *mentoring*, para alcançar um objetivo comum.

Durante a adolescência, desfrutaram muito juntos, divertiram-se e desbravaram trilhas de longas caminhadas e esportes ao ar livre, despertando especial interesse pela escalada às montanhas, esporte que, anos depois, reuniria novamente os amigos.

Cursaram a mesma faculdade e uma vez formados, o destino quis que Alberto ingressasse na área financeira e se estabelecesse em São Paulo, capital, enquanto Ismael entrava numa consultoria e, pouco tempo depois, aceitava convite para trabalhar e morar na Argentina.

Alguns anos se passaram desde que se formaram e seguiram seus caminhos, até que em determinado momento, no período de festas de final de ano, souberam que estariam na cidade nos mesmos dias. Os amigos conversaram e combinaram um encontro para relembrar os velhos tempos, confraternizar.

Ao fim, Ismael fez um convite desafiador a Alberto.

— Meu amigo, quero receber sua visita em minha casa na Argentina no próximo ano, mas proponho um desafio. Esse encontro será quando eu estiver prestes a escalar Cerro Plata, uma montanha com 5943 m de altitude, ao sul de Mendoza. Se você aceitar, vamos escalar juntos.

Ainda sob o clima de empolgação, apertaram as mãos e selaram o acordo.

De volta às suas rotinas, traçaram o planejamento, pois teriam um bom caminho de preparação, começando pelo ganho do melhor condicionamento físico, pelo ajuste da alimentação e, claro, passando pelo aprendizado de muitas técnicas sobre montanhismo para o objetivo.

Alberto, de início, encontrou em São Paulo um excelente *coach* que tinha experiência em preparar pessoas para a prática de montanhismo. Juntos, criaram um plano de desenvolvimento composto pela rotina de treinos físicos, por dietas específicas de preparação, orientações sobre nutrição pré e durante a escalada. Seu *coach* também o auxiliou com a escolha de bons equipamentos e itens de segurança necessários. Por fim, criaram indicadores para medir o avanço de Alberto, de forma que estivesse pronto e condicionado para o desafio que se daria em dez meses.

Ismael soube através de uma amiga que um conhecido dela, o argentino "Pepe", tinha mais de duas décadas de prática de montanhismo e escalada em altas montanhas na América Latina. Apresentado a Pepe, sem pestanejar o convidou para um almoço.

No encontro, Ismael ficou encantado com as histórias do argentino, tamanha a riqueza de detalhes ao narrar suas aventuras, sua paixão pelo montanhismo e sua energia vibrante, contagiante.

Ismael sentiu que era exatamente de alguém como Pepe que precisava para ajudá-lo na preparação rumo ao desafio de Cerro Plata, e fez o convite.

Pepe imediatamente topou ser o seu mentor e tiveram conversas quinzenais durante meses. Pepe dava dicas importantíssimas sobre montanhismo, preparação, condicionamento, *mindset*, nutrição e, principalmente, partilhando detalhes de suas expedições, os desafios que encontrou, como superou cada um deles nas quatro ocasiões que escalou Cerro Plata.

Tudo evoluiu perfeitamente bem nos preparativos. Ismael e Alberto progrediam, aprenderam e adquiriram confiança. Estavam prontos. Marcaram a expedição para o mês de novembro daquele ano, tecnicamente propício para a escalada.

A subida de Cerro Plata foi incrível. Ao longo dos meses de preparo, Ismael e Alberto fizeram detalhado planejamento, aprenderam as técnicas mais importantes e se condicionaram física e mentalmente.

Cada um dos amigos se preparou à sua maneira, respeitando suas preferências e possibilidades. Foram onze dias intensos e inesquecíveis.

Ambos puderam celebrar a concretização do sonho, assistindo ao pôr do sol no ponto mais alto de Cerro Plata.

Veja que o processo de *coaching*, pelo qual passou Alberto, possibilitou que estivesse em plena forma e preparado para o desafio, desde os indicadores de performance até as ferramentas, o ganho de resistência, a força e a saúde equilibrada. Trabalharam com autoconhecimento, *mindset* e metas. Ao final, Alberto estava seguro de si, bem condicionado, motivado e pronto.

Já o *mentoring*, processo utilizado por Ismael, foi valioso e extremamente prazeroso.

Nas mentorias, Pepe explicava sem deixar de lado qualquer detalhe, colocando sua máxima experiência totalmente à disposição de Alberto.

Destacando a diferença, no *mentoring* usa-se menos ferramentas, se comparado ao processo de *coaching*, já que a estrutura é mais informal e o grande segredo do *mentoring* se concentra no compartilhamento da experiência de quem já viveu e aprendeu com aquilo, isto é, o fator congruência.

Pepe falava da alimentação ideal, tanto na preparação quanto na subida, da preparação de bagagem, do condicionamento físico e emocional, do que esperar em cada etapa, do que Alberto sentiria em cada momento da subida, dos tipos de dificuldade que poderia enfrentar e como se preparar.

Alberto, por sua vez, internalizava tudo aquilo, refletia e anotava, vivenciando um processo de aprendizagem social gerado pelas sessões de *mentoring*.

Migrando a percepção da experiência para os profissionais que atuam no mundo corporativo e no mundo dos negócios em geral, cabe validar que ambos os recursos são interessantes e altamente recomendados, ao longo da carreira.

Frequentemente, passamos por momentos em que ter autoconhecimento, consciência, preparo e direcionamento correto pode ser fator decisivo entre adotar boas ou más decisões.

Pensado em momentos comuns e recorrentes demandas da carreira, os dois processos são muito bem-vindos: ingresso numa nova empresa, mudança de gestor, mudança de posição, incorporação de novos desafios, demissão, estagnação de carreira, desenvolvimento de competências, aprendizagem de nova atividade, mudança de equipe, crise na empresa e tantos outros.

Em cada situação, contar com *coaches* e mentores mais experientes faz toda diferença para o sucesso, o preparo em busca de decisões mais assertivas e o alcance das melhores oportunidades.

Deixo você com uma reflexão. Segundo o modelo 70:20:10, o processo de aprendizagem social, onde se incluem práticas como o *coaching* e o *mentoring*, por exemplo, seria responsável pelo dobro da aprendizagem formal. Sendo assim, a aprendizagem social tem se mostrado presente em sua carreira? Se a resposta "ainda" é não, talvez seja um bom momento para começar imediatamente...

2.15. PREPARE-SE PARA SER TESTADO

Não é novidade que nós, players desejosos pela vitória, somos testados o tempo todo. E mais:

Não apenas testados, mas provocados, desafiados, confrontados, colocados à prova contínua e diariamente.

Para entrar um pouco mais no delicado assunto, precisamos fazer uma reflexão e entender que isso não é privilégio dos profissionais que atuam no mercado, em todos os nichos. Comecemos pensando, portanto, nos estudantes.

O estudante é testado e instado a comprovar seu conhecimento através do processo, para evoluir na busca constante do conhecimento.

O esportista é desafiado a superar sua condição física, capacidade de concentração e disciplina, três fatores que o levam a superar as próprias marcas, buscar recordes ou tornar-se melhor que os adversários.

O protagonista de qualquer segmento é personagem da luta diária que prevê manter-se lucrativo, prosperando, tentando superar e se fortalecer diante dos desafios provenientes de todos os lados, como a lida com os fornecedores, a competição de mercado, a falta de incentivo do governo, a dificuldade para obtenção de crédito.

A dinâmica dos negócios segue exatamente a mesma e única certeza inegociável: seremos testados o tempo todo.

Aliás, começa no próprio processo seletivo, por meio dos testes de conhecimento ou de perfil, das maratonas envolvendo dinâmicas de grupo, das incontáveis baterias de entrevista.

Após o processo seletivo, tem o teste do famoso período de experiência e a jornada segue. O contexto permite que o profissional venha a agir de duas formas:

a. ter dificuldade de entender que será testado o tempo todo e viver em sofrimento, com a tendência de se vitimizar nas situações, de facilmente desmotivar-se e entrar num ciclo de baixo desempenho, com chances reais de estagnar na carreira, e encontrar dificuldade para avançar em qualquer contexto;

b. entender que a dinâmica natural prevê que qualquer profissional é testado a todo instante e precisará adaptar-se à sensação de provar-se em relação à sua competência, ao conhecimento, à capacidade de construir relacionamentos plurais, de resolver problemas e lidar com a pressão.

Em suma, resiliência é o nome para as *soft skills* que serão determinantes quando o assunto é "prepare-se para ser testado".

Quando comecei a carreira como engenheiro *trainee*, trazia na bagagem a capacidade de fazer cálculos complexos, o domínio das ferramentas de programação e da compilação de dados, o conhecimento de idiomas, porém nenhuma experiência industrial. Ao chegar à indústria, a maioria dos problemas não se resolvia apenas com o conhecimento adquirido na universidade, muito pelo contrário.

Os problemas industriais eram resolvidos combinando a experiência dos colegas que trabalhavam ali há anos com a capacidade analítica orientada para a resolução de problemas e sim, alguns conceitos teóricos da faculdade e da própria fábrica, além do relacionamento com fornecedores e pessoas mais experientes. Claro, os colegas mais experientes sabiam muito bem disso.

Por algumas vezes, ouvi frases do tipo: "Agora sim, chegou o engenheiro que resolverá todos os nossos problemas". Sempre esteve nítido que não era um teste de conhecimento técnico para aferir se poderia resolver um problema com a fórmula mágica da calculadora HP, mas sim um teste de comportamento.

As pessoas que faziam estes comentários queriam saber se estaria ali para ajudar, pensar junto, trabalhar para todos encontrarem uma boa resolução, ou se estaria ali para ser um astro, um pop star que resolverá tudo sozinho.

Agora, lendo o relato, pode até parecer óbvio para você qual era o objetivo de quem estava testando. Ao longo da carreira, vi isso acontecer várias vezes com dezenas de profissionais. É a característica situação que provoca, testa e faz muitos se acuarem, travarem.

Saiba que é apenas um exemplo das centenas de testes e provocações para as quais temos que estar preparados no dia a dia profissional.

Enquanto atuava como *trainee*, tive grandes e valiosos aprendizados sobre o tema "ser testado", permitindo-me estar bem melhor preparado para as incontáveis provações que viriam no decorrer da carreira.

Em um novo *story*, convido você a pensar no primeiro filho do casal com a chegada de um irmãozinho.

O primogênito passa a ter vários comportamentos resultantes da sensação de perda do espaço exclusivo que tinha. É o chamado "ciúme de irmão".

A criança pode manifestar esses ciúmes de várias formas: ficar agressiva, ter distúrbios de sono, regressão a fases anteriores etc.

Ouso propor uma analogia com a chegada do *trainee* à empresa, profissional recém-saído da universidade, com bastante conhecimento teórico e sem nenhuma experiência prática. Ele receberá muita atenção no seu primeiro ano corporativo, despertando os ciúmes dos "irmãos mais velhos", já que "o mais jovem" obterá grande carga de treinamento, algo que outros profissionais talvez não tenham acessado.

O *trainee* terá contato também com uma liderança mais sênior da empresa. Poderá eventualmente fazer viagens, participar de congressos, seminários, treinamentos interestaduais ou até internacionais, conhecer diferentes situações. Toda a atenção recebida provocará ciúmes e, por consequência, o profissional recém-chegado será fortemente testado e colocado à prova de várias formas. Precisará participar de projetos e mostrar que consegue agregar valor à equipe. Terá que fazer apresentações e mostrar suas *skills*, além de entregar um grande projeto ao final de um ano para provar que possui condições de resolver problemas, engajar pessoas, gerar soluções inéditas e entregar resultados.

O profissional que está pleiteando uma promoção também será testado. A liderança o colocará em situações características da posição pretendida para avaliar seu desempenho. Ele vai absorver mais demandas do que as requeridas por sua função atual, provavelmente cobrirá férias de seu gestor por algum tempo, e terá de reportar ao nível acima, trabalhar com a priorização não apenas de suas atividades, mas das atividades da equipe e precisará participar das reuniões de líderes, mostrando aptidão para assumir uma posição acima na organização. Assim será, de forma bem resumida, o processo de teste que leva em conta diversos fatores, inclusive a ascensão.

Por fim, o *insight* que proponho é: você, profissional que deseja construir carreira de sucesso, aprenda o quanto antes que tudo isso faz parte do jogo, pois agindo assim, maiores e melhores serão as oportunidades de obter sucesso.

Evite ver esses exercícios que as pessoas e a organização farão ao testar você e suas competências pela ótica negativa, de vitimização. Ao contrário, saiba que é uma parte importantíssima para o crescimento. Utilize essas oportunidades para pedir *feedbacks* e fazer reflexões. Isso sim é visto de forma muito positiva, já que demonstra maturidade profissional e inteligência emocional corporativa.

Agora sim, estamos prontos para a próxima jornada. Vasculhando nas lembranças, você certamente vai identificar que o cinema se tornou muito melhor com as novas dimensões "D" que vão chegando. Espero que tenha a mesma sensação com a obra que está diante de seus atenciosos olhos, pois a dimensão 2 vem aí. E, claro, muito obrigado por estar, pesquisar e estudar comigo até aqui!

3

DIMENSÃO 2
GESTÃO ESTRATÉGICA DE RELACIONAMENTOS

Espero que toda a abordagem da Dimensão 1 tenha sido interessante para você e trazido profundas reflexões ou *insights* valiosos para ajudar em sua busca por alta performance e, tomara que assim seja, clarificar o caminho de onde e como você quer chegar. Todavia, na Dimensão 1, a abordagem ainda era principalmente sobre você, e agora, nosso olhar há de alcançar maior abrangência.

Ser bom profissional, possuir conhecimento, manter entregas de qualidade e ser produtivo, tudo isso é parte imprescindível de um pacote para ter sucesso profissional. Mas, sem atenção, sem investimento de tempo e energia na gestão dos relacionamentos de maneira estratégica, o esforço pode ser em vão diante da conquista de seu espaço no mundo dos negócios.

A partir daqui, veremos nesta Dimensão 2 como aprofundar o tema "gestão estratégica de relacionamentos", recurso fundamental para construir fortes laços profissionais e pessoais, conectando-

-se estrategicamente em diferentes níveis e com diferentes profissionais. Quanto maior a habilidade de construir alianças, maiores as possibilidades de sucesso e crescimento profissional.

Guarde bem este ponto central do conteúdo: é necessário ter em mente a importante premissa de construir relacionamentos antes de precisar deles.

Como mostrei na Dimensão 1, os profissionais se movimentam, mudam de posição, de área, setor e empresa. Hoje, o profissional pode ser o seu colega e noutro, o seu gestor. Um dia, você pode estar subordinado a ele e noutro, ele a você. Um dia, você pode trabalhar com um líder e no outro trabalhar com o mesmo líder em outra empresa.

O mundo dos negócios é assim em todas as suas faces (segmentos de mercado), dinâmico, vibrante e em constante movimento, razão pela qual é estratégico construir excelentes conexões antes de precisar delas. O próprio escritor Adam Grant destaca em sua obra intitulada *Dar e Receber*: “se criarmos redes com a única intenção de conseguir algo, não teremos sucesso. Não podemos apenas buscar os benefícios das redes; os benefícios resultam de investimento em atividades e relacionamentos significativos”.

Por outro lado, todos sabem que para construir e gerenciar relacionamentos, é necessário tempo, esforço e energia. Se pensarmos que no ambiente empresarial temos contato com dezenas de profissionais, como é possível fazer isso de forma efetiva?

Chegou a hora de desvendar os mistérios desse “como”.

3.1 NETWORK - RELACIONAMENTOS PROFISSIONAIS ESTRATÉGICOS

Adentrando no tema, convido você a refletir: em sua trajetória profissional até aqui, quem faz (ou já fez) parte de sua rede de relacionamento?

Se tirasse uma foto de sua rede hoje, talvez veria pares, líderes, gestor imediato, gestores de outras áreas ou níveis, eventualmente liderados, colegas de outros departamentos ou unidades de negócio, clientes, fornecedores, consultores, contatos da rede social profissional, colegas que conheceu em cursos e treinamentos, profissionais que trabalharam com você no passado na mesma ou em outra(s) empresa(s), ex-colegas de faculdade, *coaches* ou mentores de carreira, e até *headhunters* que em algum momento fizeram contato para alguma oportunidade profissional.

Veja que, ao longo da carreira, há muitos profissionais com quem se tem a possibilidade de interagir. Pessoas em diferentes contextos, em diversos níveis hierárquicos, de influência, de conhecimento, habilidades e competências. Com cada uma, você interage de maneira singular. Com alguns, tem relação mais estreita, estruturada e profunda. Com outros, mais superficial ou pontual. Alguns estão mais próximos no dia a dia, em tarefas rotineiras e outros são aqueles a quem recorrer quando precisa tomar uma importante decisão.

Normalmente, a construção ou manutenção da rede de relacionamentos se alicerça de forma rudimentar, natural e não planejada, como consequência da resolução de situações imediatas ou por casualidade.

Quero apresentar uma maneira estratégica e estruturada de olhar para a rede profissional, para que construa sua rede de modo mais planejado e menos casual, e possa geri-la da melhor forma a fim de que seja realmente um fator impulsionador de crescimento profissional. De início, pense em sua rede sendo composta essencialmente de três grupos:

Rede operacional: consiste no grupo formado por profissionais com quem lida no dia a dia, como os pares de trabalho, colegas de outros departamentos, clientes, fornecedores, profissionais dos quais você precisa ou que precisam do seu trabalho para terem o deles feito. É o grupo mais numeroso e a maioria dos profissionais que você conhece faz parte da sua rede operacional.

Rede de desenvolvimento: composta por profissionais que, de alguma maneira, ajudam no desenvolvimento e consequentemente na construção de sua carreira. São pessoas que podem dar conselhos importantes, ajudar no desenvolvimento de competências e habilidades, apoiar diante de situações relevantes ou decisões difíceis. Note que já é um grupo mais restrito, de pessoas com as quais existe uma conexão mais substancial, uma relação de confiança. Essas pessoas contribuirão além das demandas rotineiras de trabalho e vice-versa. Dentre elas, estão os colegas mais experientes, líderes, consultores, mentores e assim por diante.

Rede estratégica: este, por sua vez, é o grupo de pessoas que poderá ajudar no próximo movimento profissional ou em algum tempo adiante. É uma relação que se constrói com atenção e tem caráter duradouro. Bem mais restrito, é formado por pessoas com níveis mais altos de influência. Fazem parte de sua rede estratégica profissionais com mais senioridade, maior nível de influência e capacidade decisória.

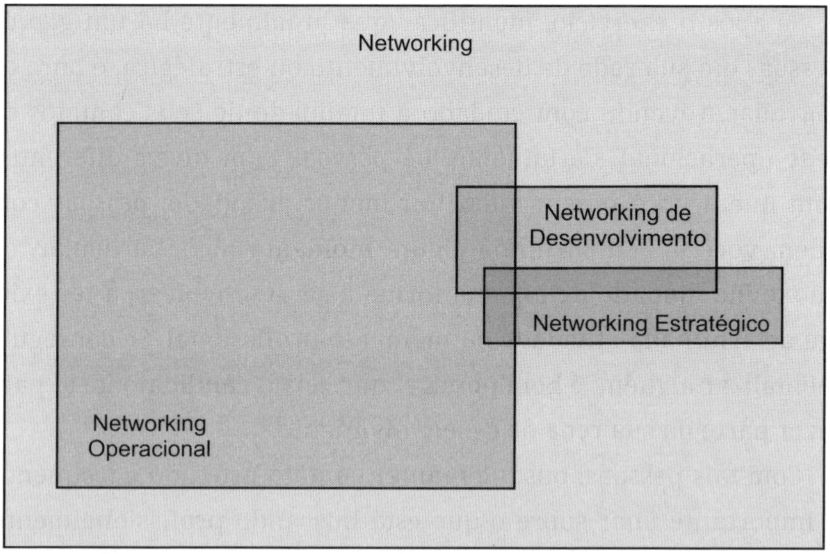

Figura 6 – Níveis de Networking.
Fonte: elaborado por João Gonçalves.

Quando se pretende construir uma carreira próspera, é extremamente importante ter o olhar estratégico e garantir que os três grupos estão em sua rede.

Agora que você compreendeu o conceito e a diferença entre cada grupo, quem sabe esteja se perguntando:

Tenho suficientes contatos em minhas redes de desenvolvimento e estratégica? Como trabalhar ambas?

Recomendo que faça um exercício, revisitando a própria rede de contatos profissionais para entender como está cada grupo, pensando em seu momento profissional de hoje, no próximo passo da carreira ou onde quer estar, em algum tempo.

Saiba que esta matriz vai se atualizando a medida que estudamos, evoluímos, mudamos de atividade e construímos novos relacionamentos.

Se após o exercício, identificar que atualmente há um *gap* de pessoas em sua rede de desenvolvimento ou estratégica, é hora de reavaliar, revendo com cuidado a totalidade de seus contatos da rede operacional. Certamente, há pessoas com níveis diferentes, com quem você possui maior ou menor afinidade, pessoas com quem você já compartilhou algum momento mais particular, ou que tenha ajudado de alguma forma a se desenvolver, a ter êxito em determinada atividade ou momento profissional. Se conseguiu mentalizar alguém, é bem possível que seja o candidato ideal para fazer parte da sua rede de desenvolvimento.

Com tais pessoas, busque manter contato próximo e frequente. É importante falar sobre o que está buscando profissionalmente, no que precisa ou quer se desenvolver, quais são as suas limitações atuais. Possivelmente, este contato será alguém que poderá guiar o seu processo de desenvolvimento.

Por fim, considere investir tempo e energia para a construção e manutenção da sua rede estratégica de contatos, pois são esses profissionais que poderão ajudar nas movimentações de carreira, seja através de promoções, transições, mudança de empresa ou de área. Periodicamente, garanta que esses contatos saibam de seus avanços, conquistas e resultados. De tempos em tempos, é importante que se lembrem e saibam que você continua com total empenho em busca de desafios, que se mantém capaz de entregar resultados sólidos onde estiver.

Para manter-se em conexão com o grupo, que pode ser formado por líderes ou ex-líderes da companhia em que atua (ou já atuou), consultores, executivos, *headhunters*, entre outros, vale sempre colocar na agenda e programar-se para fazer uma ligação, enviar mensagem, trocar e-mails ou convidar para um café.

Além de mantê-las atualizadas sobre os seus êxitos e conquistas, compartilhe objetivos profissionais, metas e ambições. Reciprocamente, pergunte das atividades atuais deste profissional, movimentações em que está envolvido, desafios recentes que tem assumido.

Em suma, queira sinceramente saber, se interessar, contribuir e agregar. Conversas assim, além do investimento de tempo e energia para dar atenção e manter relacionamentos nesse nível, costumam ser bastante frutíferas para ambos.

3.2. GERENCIAMENTO DE *STAKEHOLDERS* E EXPECTATIVAS

Vou iniciar a sessão de maneira diferente, compartilhando a história de Jonas, administrador de formação e recém-eleito síndico do condomínio de casas Bela Vista, interior de São Paulo.

Jonas se mudara para o condomínio Bela Vista com sua família há pouco mais de três anos, realizando um sonho que tinha. Logo que chegou, fez muitas amizades com os condôminos. Em pouco tempo, percebeu que o condomínio poderia ser um lugar ainda melhor para se viver e, após algum tempo, foi eleito síndico, dotado da convicção de que conseguiria melhorar em várias frentes o condomínio sob a sua gestão, principalmente pela bagagem profissional que trazia.

Homem muitíssimo organizado e disciplinado, não tardou para cair nas graças dos vizinhos e se tornar bastante respeitado pela dedicação e pelas melhorias propostas, pois sempre resolvia de maneira imediata qualquer situação que aparecesse. Em resumo, não tinha tempo ruim para Jonas.

Numa manhã de sábado, Jonas foi contatado por um morador que reportou o problema na calçada de casa, um possível vazamento de água.

Jonas prontamente cancelou os compromissos pessoais daquela manhã de sábado, ligou para a empresa de abastecimento de água, relatou o ocorrido e solicitou uma visita emergencial.

A empresa de saneamento orientou Jonas a realizar alguns testes e esperar no local, até a chegada dos técnicos.

Em pouco mais de uma hora, todos já estavam no local. Jonas tinha feito os testes iniciais e agora, os técnicos confirmavam o diagnóstico do síndico; seria necessário abrir a calçada para achar o vazamento.

Começaram as escavações. Três horas e dois buracos abertos depois, os técnicos conseguiram encontrar o vazamento, aparentemente algo simples, que poderia ser reparado em poucas horas.

Praxe cumprida, os técnicos pediram o fechamento imediato da alimentação de água a todo o condomínio, para que o vazamento não se estendesse e que conseguissem fazer o concerto, trocar alguns materiais de reparo e canos.

Como já passava da hora do almoço e sábado à tarde o comércio fechava cedo naquela cidade, Jonas se prontificou a ir pessoalmente procurar alguma loja aberta, na tentativa de ter o problema resolvido o quanto antes, dentro das próximas horas.

Sem almoçar, Jonas saiu de loja em loja, destinado a encontrar material urgente e com bom preço. Em duas horas, estava de volta com os suprimentos solicitados.

Os técnicos iniciaram os reparos. Jonas seguiu ali do lado, empenhado, prestativo, com fome, incansável, a todo instante perguntando aos técnicos se poderia fazer algo para ajudar. Os reparos avançaram e o final da tarde se aproximou.

Enquanto a situação técnica se desenrolava, o restante daquele espaço predial permaneceu em movimento.

Em outra casa do condomínio, Telma e Joaquim se preparavam para o casamento de uma sobrinha marcado às 19h. Seus vizinhos Carla e Rafael estavam prestes a dar banho nas crianças, que tinham voltado da rua após brincarem a tarde toda. Marina, vizinha de Carla, arrumava a casa e iniciava os preparativos para receber seus colegas de trabalho com quem havia marcado um jantar.

Quase ao mesmo tempo, como se percebe, todos descobriram que não tinha água para o banho, o jantar ou os toques finais da arrumação da casa. O pânico se instaurou...

Um vizinho foi logo telefonando para a companhia de saneamento, outro tentou se informar com os vizinhos, outro ficou reclamando com a esposa, dizendo que passou a hora de formar um grupo do prédio via aplicativo.

Um quarto vizinho resolveu dar uma volta pelo condomínio e logo encontrou Jonas de prontidão, ao lado dos técnicos que concluíam o serviço, já cansado e com fome.

Não fosse a prontidão de Jonas para sair e comprar os materiais da manutenção, ao melhor custo, o problema poderia se estender até domingo ou segunda-feira.

Mas quem disse que a vida de um síndico é fácil, reconhecida e recompensada?

Um a um, vizinhos foram chegando, quase todos enfurecidos por não terem sido comunicados sobre o desligamento da água horas atrás, reclamando que a desinformação impactou todos os moradores do condomínio Bela Vista.

Alguns chegaram atrasados nos compromissos de sábado à noite, outros chegaram até a cancelar, como foi o caso de Marina, que suspendeu a recepção em casa e foi com os amigos a um restaurante.

Todos foram negativamente impactados pela situação, apesar de Jonas, o síndico, ter sido extremamente solícito o dia todo, de ter focado na resolução do problema, resolvido da melhor forma, o mais rápido possível e ao menor custo.

No dia seguinte, todos estavam novamente com água em suas caixas d'água e a rotina, restabelecida. Mas a maioria dos moradores do Bela Vista só falava dos tantos inconvenientes na noite de sábado, com falas diversas e acusadoras.

— O síndico não informou ninguém, foi um desrespeito!

— E sábado por acaso é dia de fazer manutenção em cano? Com certeza, ele não se programou!

— Pior que não informar antes, foi não informar durante. Só descobri o que estava acontecendo porque fui atrás do síndico!

— O certo seria fazermos uma reunião imediatamente!

Apesar de todo empenho e comprometimento durante todo o sábado, Jonas deixou tantos moradores inconformados que teve sua competência como síndico desacreditada. Como resultado, dias depois teve que ceder o cargo a um síndico profissional.

Verdade seja dita, de fato, Jonas se preocupou com os operários da companhia de saneamento, o horário das lojas, os canos, a compra, a manutenção, o problema, a solução. O único grupo não informado foi justamente o que mais esperava alguma informação dele, os seus *stakeholders*.

Levando a situação exemplificada ao mundo dos negócios, empresas possuem dezenas, centenas de processos que correm em paralelo, profundamente interconectados. A produção precisa do *input* da previsão de vendas, enquanto *supply* garantirá que a produção tenha o que precisa para entregar o que foi vendido. A logística precisa do *input* da produção, que por sua vez é cliente da manutenção, e das auditorias internas, jurídico, qualidade, tudo isso garantirá que as coisas caminhem da melhor forma possível.

Cada empresa com sua complexidade, pensemos: tão importante quanto manter a roda girando é comunicar-se de maneira eficiente e assertiva, responsabilidade que cabe a cada profissional.

O que aconteceu a Jonas, síndico do condomínio Bela Vista, se repete com milhares de profissionais dia após dia, gente competente, gabaritada, tão qualificada que dedica "120%" de seu foco e energia para a resolução de problemas e situações complexas e, por outro lado, lamentavelmente pecam ao *despriorizar* algo super importante no processo: o gerenciamento de *stakeholders*, isto é, as partes interessadas em determinada entrega.

No caso do condomínio Bela Vista, os *stakeholders* são todos os moradores do condomínio, aquelas pessoas que poderiam ou foram impactadas pela falta de água.

Jonas resolveu o problema do vazamento de água de maneira proativa e eficiente, no entanto, prejudicou a todos os moradores por não tê-los informado que faltaria água ao longo do dia, ou que deveriam economizar água até a resolução.

Veja que manter as partes interessadas informadas, aparentemente, é mais simples do que resolver o problema em si. Contudo, é algo que pode fazer com que um profissional brilhante seja visto ou interpretado como alguém despreparado e inconsequente, sobretudo numa empresa, negócio ou qualquer objeto de empreendedorismo. Afinal, esses ambientes trazem processos profundamente interconectados.

Sobre as partes interessadas, vale enfatizar que há diferentes níveis de interesse e influência. Seu gestor imediato, por exemplo, possui expectativa e nível de interesse em relação às suas entregas, que é diferente do nível de interesse do gerente de outra área, do diretor ou do presidente. Quando há várias partes interessadas, vamos entender que cada uma requer diferente nível de informação e atualização, demandas que devem ser pensadas e ajustadas. Para isso, há uma forma prática de entender o perfil de tais partes interessadas, ferramenta crucial para ajudar no gerenciamento efetivo das expectativas de cada grupo.

Veja a matriz que apresento para ajudar você a pensar nas estratégias mais adequadas a fim de informar e engajar qualquer grupo de *stakeholders*, ao mesmo tempo em que ajudará a ter maior visibilidade, e a construir sua credibilidade na organização.

Para ficar ainda mais claro, vou contar o que aconteceu com Fábio, engenheiro de produção de uma fábrica de produtos químicos, quando passou a fazer o gerenciamento das partes interessadas de forma assertiva.

Até pouco tempo, Fábio resolvia problemas importantes da fábrica, trazia soluções valiosas e informava apenas o seu gestor imediato, portanto a única pessoa que sabia do alto potencial de Fábio para resolver problemas e entregar resultados.

Fábio entendeu que precisava mudar de estratégia para ser visto e reconhecido na empresa, por isso, conduziu de outra forma sua próxima entrega, que foi o trabalho de captação de água pluvial para reuso na fábrica.

Vejamos, então, em detalhes, pela ótica da ação.

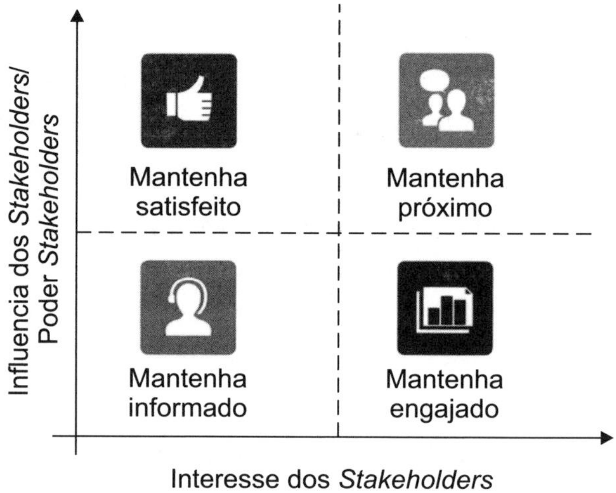

Figura 7 - Diagrama para gerenciamento de *stakeholders*.
Fonte: elaborado por João Gonçalves.

Mantenha informado: Fábio contou aos outros colegas sobre o trabalho de captação e reuso em que vinha fazendo. Seus colegas ficaram felizes em saber, mas não estavam diretamente envolvidos no trabalho nem dependiam do resultado, tampouco tinham influência ou interesse direto com o projeto. Bastava a eles saberem que a iniciativa estava acontecendo na empresa. De tempos em tempos, Fábio comentava com uns e outros sobre o tema, de maneira informal. Do grupo, faziam parte pessoas com baixo grau de influência e interesse no trabalho específico. Ou seja, qualquer nível de conhecimento ou informação é satisfatório.

Mantenha engajado: por ser um trabalho de sustentabilidade, Fábio compartilhou o *case* na rede social interna da empresa e o trabalho chegou aos ouvidos de outras partes, como o pessoal da comunicação, que tinha interesse em divulgar iniciativas de sustentabilidade, e do setor de meio ambiente, que também passou a considerar a iniciativa nos relatórios gerenciais. Alguns deles, inclusive, pediam atualizações mais frequentes a Fábio, por e-mail. Por isso, ele resolveu fazer uma lista de contatos, com quem compartilhava atualizações quinzenais. No grupo, há pessoas com maior grau de interesse e menor influência em relação àquele trabalho.

Mantenha satisfeito: após tomar conhecimento do trabalho de Fábio, Ronaldo, gerente do setor de meio ambiente, passou a incluir a atualização do status do projeto em seus relatórios mensais enviados à agência ambiental. O nível de interesse na informação já era diferente dos grupos anteriores, e isso exigiu inclusive melhor organização de Fábio para ter todas as informações consolidadas até o fim do mês para repassar. Neste caso, há um nível maior de influência da parte interessada.

Gerencie de perto: com o crescimento e o ganho de relevância do trabalho, o gerente industrial passou a reportar a iniciativa de Fábio ao comitê executivo da empresa. Fábio passou a compartilhar bimestralmente alguns slides com informações atualizadas e consolidadas para o gerente, o que possibilitou obter recursos adicionais ao projeto, sem contar o ganho de visibilidade que teve perante diferentes departamentos e hierarquias, bem diferente de quando Fábio reportava trabalhos e feitos para a sua linha direta de reporte, sem o devido gerenciamento das partes interessadas. No grupo, existe alto interesse e nível de influência, o que faz com que o gerenciamento de informações e atualizações para o grupo empreenda esforço e atenção adicionais, principalmente se compararmos aos grupos anteriores.

Tanto a história de fracasso de Jonas enquanto síndico do condomínio Bela Vista, pela falta de visão e gerenciamento das partes interessadas, quanto o caso de Fábio, que fez excelente gestão das partes interessadas podem ensinar lições importantes a qualquer profissional que queira atuar em alta performance e ser bem-sucedido.

Assim entendido, estamos prontos para avaliar as alianças.

3.3. NETWORKING X ALIANÇAS DURADOURAS

Quem, dentro ou fora do mundo corporativo, nunca ouviu falar no poder do *networking*?

Seguramente, a maioria sabe que a trajetória profissional prevê uma rede de relacionamento que se constrói, que pode fazer enorme diferença no seu sucesso e até onde você irá chegar.

Após anos praticando o exercício observacional, percebi que os profissionais possuem diferente entendimento prático do que é realmente fazer um bom networking.

Quantas vezes escutamos: "Você vai no *happy hour* hoje? Bora lá pra fazer um networking!" ou "Festa da empresa de novo... Se não fosse pra fazer networking, eu nem ia!" Ou ainda: "Você, profissional, deve utilizar muito bem suas redes sociais, especialmente LinkedIn, para fazer networking".

Por fim, sempre no momento inicial de apresentação das pessoas em cursos, seminários, workshops, eventos corporativos em geral é comum ouvir que as expectativas estão em aumentar seu networking.

Essas falas comuns ajudam a compreender que significado o termo networking ganhou ao longo dos anos, no sentido de conhecer o maior número possível de pessoas para ter uma grande rede de contatos. Mas será que o networking do *happy hour*, dos cursos, do LinkedIn é realmente eficaz?

Quão superficiais ou profundos são esses laços do "networking"?

Será que realmente traz benefícios de ajuda mútua ao longo da carreira?

Será que a construção da rede de relacionamento traz benefícios e, quem sabe, até mesmo uma salvação no momento de necessidade?

A resposta mais sensata é "não necessariamente".

Claro, é importante que você conheça pessoas, saiba onde e com o que elas atuam, tenha empatia e estabeleça um canal de comunicação. No entanto, para que de fato construa uma rede de relacionamento que agregue valor para a carreira, seja recolocação profissional, promoção ou geração de novos negócios, você deve aprofundar a visão, inserindo a filosofia de criar alianças duradouras, pois essas sim possuem um nível diferente de profundidade.

Pensemos no seguinte: quem você escolheria para trabalhar com você, como colega de trabalho ou membro do seu time? Alguém que *sabe* que é um profissional competente, que tem o *drive* de querer ajudar, agregar valor, que dedica tempo ao negócio e às pessoas, *hands on*, que já ajudou você ou algum conhecido em dado momento? Ou escolheria alguém após ter simplesmente conhecido e interagido num *happy hour*, ou pelo LinkedIn?

Você escolheria alguém, se pudesse, sem nunca tê-lo visto *on the stage*, trabalhando de fato, num ambiente corporativo e sob pressão?

Notou a diferença?

Há sim enorme distinção entre fazer networking e construir alianças duradouras. Networking tende a ser mais quantitativo e alianças duradouras tendem a ser mais qualitativas.

Muito bem, então como construí-las?

As alianças basicamente consistem na construção de uma reputação legítima, que fará você ser reconhecido por colegas, pessoas da mesma companhia ou do mercado, como profissional diferenciado, colaborador e agregador, facilitando o estágio em que as pessoas sabem quem é realmente você em situações de pressão ou estresse, pois conhecem a qualidade de suas entregas e seu comprometimento, a ponto de indicar você à alguma posição. Vejamos algumas formas possíveis de agregar valor para construir alianças duradouras.

Seja um *hub* de informações: busque artigos, matérias relacionadas ao *business*, *newsletters* de consultorias especializadas no segmento de negócio em que atua. Compile o material e compartilhe com os colegas. Ser alguém que ajuda no crescimento genuíno dos pares, subordinados e superiores é muito bem-visto por agregar valor às pessoas e ao negócio. O tempo necessário para se tornar alguém que reúne e distribui informações é pequeno se comparado ao benefício que a ação traz para a construção de sua credibilidade;

Compartilhe conhecimento: conhecimento bom é aquele que é compartilhado. Muitas são as oportunidades que um profissional tem para ensinar os seus pares, treinar novos profissionais e até mesmo seus superiores. Aproveite esses momentos, porque o profissional capaz de dedicar-se para ensinar e preparar alguém demonstra o caráter de doação, tanto de tempo quanto de conhecimento. Ao fazer isso de forma profissional, a pessoa treinada será imensamente grata e por tendência há de querer retribuir quando tiver a possibilidade;

Feedbacks: muita gente tem a equivocada concepção de que *feedback* é um ritual formal entre gestor e colaborador. A boa prática do feedback constante pode sim ser feita sempre que necessário, formal ou informalmente, entre pares ou subordinados.

O feedback concedido da maneira correta, profissional, imparcial e sincera caracteriza um ato construtivo e que fará crescer quem o recebeu. Além disso, ao perceber a intenção genuína de ajudar no crescimento do colega, subordinado ou superior, esse tende a retribuir o apoio.

Cito um exemplo: uma amiga trabalhava em outra empresa. Certa vez, durante uma reunião com o seu gerente e outras pessoas, percebeu uma postura inadequada dele. Após a reunião, ela o chamou para uma sessão de feedback. O então gerente sentiu lealdade da parte dela, por ajudá-lo sinalizando o desvio de postura sobre a qual o próprio gerente não havia se dado conta no decorrer do calor da reunião.

A amiga em questão passou a ser pessoa de confiança para esse gerente, que constantemente passou a pedir feedbacks. Com o passar do tempo, o gerente cresceu bastante na companhia e pôde ajudar esta pessoa por algumas vezes em processos de promoção e reconhecimento, por saber que era uma profissional diferenciada, que agregava valor à companhia e às pessoas ao mostrar-se preocupada com o desenvolvimento dos outros, dada a sua habitual atitude de compartilhar feedbacks sinceros.

Além dessas, há outras formas de construir alianças duradouras e lembre-se deste alerta: fazer networking apenas não é garantia de ter uma rede de contatos confiável, mas construir alianças duradouras fará você criar relacionamentos com os quais poderá contar e vice-versa, já que numa aliança duradoura um agrega valor ao outro.

3.4. FEEDBACKS - APRENDA COM AS FORMIGAS

Entendo que possa soar no mínimo curioso. Mas o que as formigas podem ensinar sobre o feedback em um mundo dos negócios marcado por profissionais que procuram dotar-se da máxima alta performance?

De maneira sucinta, a principal atividade da formiga em sua organização, em seu ecossistema chamado formigueiro, consiste em alimentar-se e, para isso, deve primeiramente localizar alimento e transportá-lo ao formigueiro da forma mais rápida, pelo caminho mais curto. Isso garantirá que as formigas estejam menos expostas aos predadores e gastem menos energia enquanto escolhem o caminho mais curto para levar seu alimento, agindo sempre com a máxima eficiência possível.

Quando a formiga encontra comida, ela informa as suas companheiras do achado e comenta que há um caminho mais curto para levar o alimento de volta até o formigueiro. Tal comunicação é feita através da liberação de um hormônio denominado feromônio, que permite às formigas evitarem o movimento caótico e desordenado, passando a ter um movimento orquestrado e direcional.

A comunicação natural entre as formigas representa longevidade e perpetuação, pois esse recurso oferece a condição de se alimentar, evitar predadores e prosperar suas colônias.

O mecanismo torna ainda possível que as formigas informem umas às outras de modo muito ágil.

"Hey, é por ali! Não, é por lá, nem por acolá..." é curiosamente denominado **Feedback Positivo**, mostra o caminho para o alimento e a sobrevivência.

Analogamente, no mundo dos negócios, o feedback é uma ferramenta valiosa e poderosíssima quando utilizada da forma correta e assertiva. É através dele que os profissionais podem interagir, auxiliando no desenvolvimento de competências de outros colegas, e por consequência natural, acabam ajudando a forjar melhores profissionais. Além disso, relações interpessoais são fortalecidas e os profissionais se conectam com base em ganho de confiança que resultam de feedbacks bem feitos.

A partir do momento em que há profissionais predispostos a dar e receber feedbacks, o capital humano da empresa se abre para aprender mais e mais, permanecendo em modo pleno de melhoria contínua. São pessoas ávidas a contribuir, melhorar e gerar resultados. Forma-se, assim, uma cultura de colaboração positiva e todos os dias tanto os profissionais quanto a empresa saem fortalecidos e vencedores.

Por outro lado, para que uma organização atinja o nível de maturidade em que os profissionais praticam feedback de maneira contínua, natural e leve, é preciso começar de alguma forma. Não espere que a cultura se crie apenas a partir da liderança, de um programa formal ou por meio de um treinamento. Você, profissional que está preocupado com o seu desenvolvimento e entende que deve ser protagonista da própria caminhada profissional, é quem pode e deve começar. Por isso, é tão importante familiarizar-se com as técnicas de dar, pedir e receber feedbacks. Vamos explorar um pouco mais essas técnicas.

3.4.1. Pedindo feedbacks

Imagine você dirigindo à noite, por uma estrada cheia de curvas, sem iluminação ou sinalização. Certamente será uma experiência perigosa e desprazerosa. Ao contrário, imagine-se dirigindo pela mesma estrada à noite, dessa vez com postes de luz posicionados estrategicamente de forma a permitir toda clareza para desenvolver boa velocidade, com total visão do que vem pela frente. Nesse caso, mesmo se dirigir à noite for mais desconfortável para você, as luzes trarão maior sentimento de conforto e segurança.

Sim, amigo, eis a diferença entre uma trajetória profissional que avança sem feedbacks, pela noite escura e pelo caminho inseguro, e a carreira marcada por profissionais que iluminam seu caminho, oferecendo a clareza de como e onde seguir, através de feedbacks.

Para se criar a cultura de feedbacks, um bom ponto de partida é começar pedindo aos líderes, pares e liderados, ação que representa um grande ato de aproximação, pela disposição de aprender através da visão do outro. Além disso, ao pedir feedback a outro profissional, você indica que o ponto de vista dele importa e isso faz o outro sentir-se lisonjeado pela chance de contribuir, de alguma forma, com o seu crescimento. Porém há sim maneiras apropriadas para abordar os profissionais de quem você quer um feedback. Vamos a elas.

Quando pedir: em vez de acordar um dia determinado a pedir feedback sem um motivo específico, o ideal é fazê-lo quando desenvolve um trabalho diferente, ou pela primeira vez, até porque o ineditismo da atividade deixará o feedback mais genuíno.

Em outra análise, quando está trabalhando para desenvolver uma competência específica, receber feedbacks ajuda a calibrar sua evolução e, a saber, se está caminhando na direção correta.

Como pedir: comunique ao outro profissional que gostaria de um feedback dele em relação a determinado trabalho, em que tenha utilizado tais habilidades e competências para atingir algum resultado. Esse pedido pode acontecer por e-mail, mensagem ou pessoalmente. No entanto, para o momento de receber o feedback em si, é muito importante reservar um tempo para interagir F2F (face to face, o famoso cara a cara) para manter o caráter pessoal, fortalecer a conexão e receber o feedback sem qualquer ruído na comunicação.

Seja específico: a especificidade assegura que o outro profissional considere apenas a situação, o trabalho em questão sobre o qual você está pedindo o feedback, e assim evite misturar assuntos ou situações passadas que não fazem sentido ser discutidas. E acredite, sem especificar, o outro faz o próprio julgamento do que é importante e talvez vá começar avaliando circunstâncias de quando você começou na empresa. Ou seja, perderá o objetivo, o timing e o tema do feedback.

3.4.2. Recebendo feedbacks

Por unanimidade, o mais temido formato de feedback é o de correção, utilizado quando o colaborador faz algo contrário às diretrizes, normas ou procedimentos da empresa.

Há também o feedback de desenvolvimento, em que o líder visa o crescimento do profissional, orientando e guiando sempre com uma visão de futuro. Por fim, o feedback mais esperado por qualquer profissional é o de reconhecimento, usado pelo líder para demonstrar sua satisfação sobre algo bem executado pelo liderado.

Apesar do avanço do tempo, a palavra "feedback" ainda circula pelo mundo dos negócios carregando subliminar conexão, bem mais próxima do feedback de correção do que dos demais.

Profissionais e líderes, com a visão de corrigir rotas e evitar que problemas e falhas se repitam, praticam feedbacks de correção com mais frequência do que praticam os de desenvolvimento e reconhecimento. Assim, mesmo que o uso de feedbacks seja uma prática saudável e benéfica, ainda se percebe grande dificuldade de permear e impactar positivamente as organizações.

É importante que ele seja visto pela pessoa que o recebe como uma oportunidade de corrigir a rota, de continuar se desenvolvendo e aprender algo novo. A partir disso, seja qual for o tipo de feedback, profissionais diferenciados precisam tratar tais sessões com naturalidade, gerando uma atmosfera positiva e construtiva.

Por outro lado, na prática, todos sabem quão difícil e desafiador pode ser receber alguns feedbacks, principalmente de correção. É preciso muito treino, equilíbrio e inteligência emocional, para separar a pessoa do processo numa sessão de feedback, deixando a emoção de lado, segurando o impulso de querer se justificar ou explicar por que fez aquilo.

Buscando tornar melhor a experiência de receber feedbacks, quero compartilhar algumas boas práticas sobre o que fazer ou evitar durante uma sessão. Observados tais detalhes, aumentam-se as chances de aproveitar as oportunidades para crescer, desenvolver-se, mostrar que é um profissional maduro e diferenciado.

Ouça sem interromper: consiste em praticar a escuta ativa, demonstrando interesse genuíno de escutar e entender a visão da pessoa que transmite o feedback, o que tornará o processo mais profissional e proveitoso, além de demonstrar maturidade de quem o recebe.

Evite justificar-se ou argumentar: justificar-se é algo que acontece de forma instintiva, uma manifestação de autodefesa, de sair da vulnerável posição "presa" para a posição de controle da situação. Faz parte do comportamento primitivo que nós, seres humanos, adotamos quase que impulsivamente, buscando a defesa de qualquer forma. Contudo, justificar-se ou argumentar numa sessão de feedback faz parecer resistência ou rejeição, talvez abrindo portas para situações embaraçosas ou indesejáveis, facilitando a quebra de confiança, pois a pessoa que dá o feedback poderá sentir-se desconfortável em fazê-lo das próximas vezes.

Verifique se a sua compreensão está correta: perguntas contribuem para verificar se o entendimento da situação está correto, uma boa prática que, além de ser uma indicação de que você está aberto ao feedback e atento, o ajudará a refletir sobre a situação e buscar alternativas ou oportunidades de melhorias.

Agradeça a outra pessoa: independentemente do tipo, seja de correção, desenvolvimento ou reconhecimento, saiba que o profissional que cede o feedback teve pelo menos o cuidado de pensar numa forma de trazer algo para que você possa evoluir, assim como a iniciativa de falar contigo, comprovando que ele se sente uma "parte viva" do seu processo de desenvolvimento. Por isso, agradeça sempre, mesmo que num primeiro momento não tenha gostado.

Expresse como você aplicará o feedback: apenas escutar e ser bom ouvinte, mas não colocar em prática não transforma nem desenvolve ninguém. Ainda na sessão de feedback, busque propor como o conteúdo recebido poderá ser aplicado na prática, uma vez que é a execução que possibilita ou, no mínimo, facilita o crescimento profissional.

3.4.3. Dando feedbacks

Apesar de parecer algo simples, dar feedbacks exige preparo. Por isso, há várias metodologias que podem auxiliar no processo, principalmente quando estiver começando a praticar e precisar sentir-se mais seguro. Dentre as metodologias, você encontrará o feedback sanduíche, 360º, BOOST, SCI e até o chamado feedback OSCAR. Evidentemente, cada qual possui especificidades e roteiros pré-desenhados, o que pode dar uma sensação de que você está no total controle da sessão de feedback.

Numa analogia, se um ator está inseguro e preso ao texto, sua atuação pode parecer mecânica e sem naturalidade. O mesmo acontece com o profissional que fica "preso" na sessão de feedback, preocupado com a estrutura da metodologia utilizada, assumindo o risco de perder as nuances e a riqueza daquilo que, antes de mais nada, é uma conversa.

Não é incomum que apareçam situações dignas de atenção, cuidado e sensibilidade. Por exemplo, o desabafo de um problema particular, ou a manifestação de descontrole emocional. Em tais casos, estruturas e feedbacks padrões devem ceder lugar à empatia, à inteligência emocional.

Sabemos que uma parte do sucesso do feedback está na escolha e habilidade do uso assertivo de determinada metodologia pelo profissional que o transmite.

No entanto, considerando a exceção que acabo de citar, convido você a olhar não apenas para cada metodologia, mas para as *skills*, que são preciso ter ou desenvolver para realizar sessões humanizadas e com maestria.

Primeiramente, é necessário **planejamento**, etapa que prevê a definição do tipo de feedback a ser escolhido, o que vai abordar, os exemplos a usar e, por fim, o que se quer ou precisa obter como resultado da conversa. É salutar pensar também no perfil da pessoa a quem dará o feedback, exercício que ajuda a conduzir a conversa de forma mais assertiva. Por exemplo, há pessoas que são diretas, que gostam de conversas ao estilo direto ao ponto, sem rodeios. Para outras, é preciso "preparar o terreno", contextualizar mais o assunto.

Outra *skill* indispensável para a prática de feedbacks é a **inteligência emocional**. Quando tudo está bem, um bom planejamento pode ser o suficiente para garantir o sucesso da sessão. Porém, se as situações inesperadas aparecem, como as reações emocionais exaltadas, por exemplo, a estrutura convencional de feedback passa a ser insuficiente, exigindo inteligência emocional e autocontrole para evitar uma conversa desastrosa.

Por fim, é necessário estar atento, ter **escuta ativa** e **observar**. Muito além de conferir o que o colaborador tem a dizer, inclui a percepção da linguagem corporal, dos gestos, das emoções e respostas do colaborador, um conjunto comunicacional que revela mais informações sobre a recepção do feedback do que a própria fala. Através da escuta ativa e da observação, você conseguirá conduzir a sessão, mantendo uma conversa próxima, positiva e saudável, distanciando-se de um monólogo frio e impessoal, que é algo indesejável a ser encontrado no caminho dos bons feedbacks.

3.5. RELAÇÕES DIFÍCEIS

Todo profissional que busca usar a alta performance em benefício da ascensão na carreira deve manter, permanentemente, atenção aos diferentes pontos do contexto dos negócios, para ter sucesso e prosperar na carreira.

Dentre essas áreas de vigilância e evolução contínua, destaque para três delas:

a. conhecimento e aperfeiçoamento de competências;
b. consistência na entrega de resultados;
c. gestão estratégica das relações profissionais.

No que se refere a relacionamentos, sabemos quão desafiador é gerenciar relações pela perspectiva da diversidade de ideias, perfis, culturas, mindset e interesse. No entanto, o sucesso somente se faz possível se o profissional for capaz de desenvolver a habilidade para gerenciar relacionamentos, independentemente de sua posição, de seu interesse ou da empresa em que estiver inserido. Além disso, a diversidade e a diferença de ideias trazem crescimento, inovação e resultados.

Vejamos situações que invariavelmente trazem preocupações e desconforto a muitos profissionais, em algum momento da carreira, seja qual for o tamanho ou segmento da empresa, o cargo ou posição.

3.6. EU FAÇO E ALGUÉM LEVA A FAMA – COMO ENFRENTAR?

Que profissional, seja com pouco tempo de estrada ou anos de carreira, nunca teve sequer uma situação profissional em que desempenhou um bom trabalho (seja um e-mail bem redigido, um relatório bem feito, um projeto brilhante, uma apresentação excepcional), e teve os créditos da realização "roubados"?

Essa é uma das grandes causas de relações tóxicas, gerando desmotivação, diferenças e piora do clima organizacional. Em alguns casos, profissionais até desistem de suas posições ou empresas, por desacreditarem nas relações, na liderança ou na política da empresa.

Claro, isso ocorre com maior frequência dentre os profissionais mais jovens e inexperientes, que estão aprendendo a se posicionar no mundo corporativo ou no mundo dos negócios de um modo geral e que respeitam as estruturas hierárquicas da empresa. Porém, se o profissional vai vivenciando situações como essa ao longo da carreira, acaba desenvolvendo novos artifícios para lidar com a questão. É, portanto, sobre esses artifícios que vamos nos debruçar agora. Em resumo, explicarei como melhorar a forma de se posicionar e receber, devidamente, os créditos pelos bons trabalhos realizados, independentemente do momento da carreira.

Em primeiro lugar, prepare-se para encarar a situação como um processo que inevitavelmente causa desconforto, mas, como se diz, sem dor não há crescimento. O processo de aprendizado nas relações do trabalho é de extrema importância, principalmente porque o profissional passa grande parte da vida inserido no ambiente de negócios (20, 30, 40 anos). Quanto antes aprender a se posicionar, maiores serão as chances de sucesso e prosperidade.

Após anos de vivência no mundo corporativo, tendo visto e percebido inúmeras situações do "roubo de créditos" por trabalhos realizados, percebi que há situações típicas que acontecem e, sendo assim, nos permitem criar um padrão para evitar situações tóxicas e indesejáveis.

Comecemos analisando em que tipo de ocasiões é comum ter outro profissional levando a fama pelo trabalho e mérito do outro.

Relação de poder: Na maioria dos casos, a pessoa que leva os créditos possui nível hierárquico superior, o que a faz sentir-se blindada e impune para agir assim. Quando é feito pelo líder, está aí um mecanismo para minar a confiança que a equipe terá nele. Quase sempre, esses líderes são pessoas com algum nível de insegurança em relação à manutenção de sua posição ou em relação ao seu nível de conhecimento. Ao agirem dessa maneira questionável, querem transferir para si o reconhecimento por ideias, trabalhos e decisões que não vêm deles. É uma combinação que mistura o jogo de poder ao de interesse, em que a pessoa quer criar e manter uma imagem à custa de outro profissional, postura extremamente tóxica que, com o tempo, destrói ambientes colaborativos e geradores de ideias.

Por outro lado, em menor escala há também situações em que o liderado tenta levar os créditos do gestor ou dos colegas. Em todos os casos, o roubo do crédito e do mérito é maléfico para as relações de trabalho.

Competição por espaço: ocorre entre as pessoas que roubam os créditos da própria equipe, numa típica disputa por espaço, visibilidade e reconhecimento. Pode acontecer entre um membro mais sênior ou mais júnior da equipe, entre funcionários mais velhos ou mais jovens (comum acontecer em empresas que não treinam os funcionários nem se esforçam para harmonizar o eventual choque entre gerações), entre pessoas com níveis diferentes de visibilidade na equipe. Em quaisquer situações, assim como na relação de poder, traz prejuízo para o clima organizacional, a harmonia e a produtividade.

Organizações complexas: em organizações multinacionais, complexas, hierarquizadas ou matriciais, quando se tem vários níveis hierárquicos, quando há reporte local e global, quando se tem uma estrutura matricial com várias linhas de reporte, é comum ocorrer o famoso "telefone sem fio", aquela velha e conhecida brincadeira de passar uma mensagem por uma sequência de pessoas e, ao final, a mensagem que o último participante recebe destoa da original.

Nas organizações grandes e complexas, é normal que as demandas venham *top-down* (do topo à base) e sejam feitas por analistas, assistentes ou profissionais mais juniores. No entanto, na volta, até que o trabalho chegue ao gerente ou diretor que solicitou, o nome do executor não é lembrado.

Isso pode sim ter diferentes interpretações, tanto positivas quanto negativas. Há líderes que entendem o dever de proteger sua equipe e expor os integrantes cautelosamente. Mas há outros que simplesmente ignoram a necessidade e a importância de valorizar a equipe, de respeitar os direitos autorais e dar os créditos a quem merece.

É muito importante saber lidar com isso, mitigar esse tipo de atitude e ajudar pessoas que sofrem a prática do roubo de crédito. Entretanto, como lidar com isso? Como devo me posicionar, para que a organização possa enxergar e reconhecer meu trabalho?

Vejamos *insights* e formas diferentes de agir para obter resultados novos em favor dos créditos pelo próprio trabalho realizado.

Blinde seu trabalho: você se lembra da sessão sobre "Ownership – sentimento de dono"? A prática pode ajudar a contornar situações de pessoas que têm por hábito receber os créditos por trabalhos não feitos. Pense, por exemplo, que o seu chefe pede um trabalho. Faça as perguntas básicas: para quando precisa? Deseja que eu use algum modelo existente? Para quem será apresentado? Quem deverá ser envolvido? Aproveite ainda para entender se o chefe tem a pretensão de passar o trabalho solicitado a alguém. Se o *job* resultar em uma reunião, apresentação para níveis superiores da organização se ofereça para ajudar, ou peça para ser envolvido.

Normalmente, isso surpreende o chefe que tem esse hábito de levar os créditos e tem grandes chances de conseguir construir um caminho diferente, além de dar um pouco mais de visibilidade a você diante de outros níveis da organização.

Estilo Sutil – informal: como exemplo, imaginemos que o gestor pediu um trabalho a você que, na verdade, foi cascateado, tendo vindo de outro diretor de fora do país. Você trabalha na demanda e entrega o resultado ao gestor, que então passa para frente.

Após algum tempo, você não recebe feedback sobre o seu trabalho, mas sabe que alguém na empresa utilizou o que foi produzido por você. Em certos casos, até percebe que seu gestor foi reconhecido por este trabalho, porém os créditos não foram estendidos e designados à sua autoria.

Neste cenário, com uma abordagem sutil, você consegue expressar que espera receber um feedback sobre o trabalho, que tem a expectativa de saber como o *job* foi recebido pelo solicitante inicial, normalmente alguém em posição mais alta na organização. Para isso, algumas perguntas podem auxiliar na abordagem do espinhoso assunto com o gestor ou líder que acabou levando o reconhecimento pelo trabalho.

— Sobre o trabalho (apresentação, pesquisa, análise etc.) que entreguei, como foi encaminhado por você e recebido pelo seu líder?
— Qual foi o feedback do gerente/diretor sobre o *job*?
— Como foi a reação dele ao saber sobre o meu envolvimento/autoria/participação no trabalho?
— O trabalho que vai ter algum desdobramento ou continuação?
— Como você acha que eu poderia ser envolvido na continuidade?
— Como parte do meu crescimento profissional, acredito que seja importante eu saber a opinião do gerente/diretor sobre o trabalho que fiz. Você poderia compartilhar comigo a percepção dele?

Sessões de feedback – estilo direto: a boa comunicação é uma ferramenta poderosíssima para endereçar e resolver muitos problemas nas organizações. A partir do momento que o profissional se sente desmerecido por não ter recebido créditos, a forma mais efetiva de demonstrar a insatisfação é utilizando uma comunicação direta, profissional e efetiva. Numa sessão de feedback com o colega ou líder que obteve os créditos indevidos, busque expor a situação vivida na íntegra, sempre com exemplos reais e o máximo de detalhes. Lembre-se que foi você quem de fato fez o trabalho e seria sensato que recebesse os créditos. Crie um acordo para que, numa próxima oportunidade, receba os créditos dos *jobs* futuros que gerar.

Pratique empatia: o exercício de empatia é valioso, possibilita que a pessoa possa imaginar e se colocar no lugar do outro. Durante as sessões de feedback, ao abordar o descontentamento, utilize a empatia, pedindo que o outro profissional imagine como se sentiria se a mesma situação ocorresse de maneira inversa.

Participações estratégicas: há ocasiões em que o trabalho feito por você, seja relatório, apresentação, ideia, é apresentado a alguma outra liderança na sua presença. Nessas situações, seja criativo e acrescente alguma informação relevante que foi deixada de lado e você, como executor, possui o detalhe. Isso revelará que você contribuiu de forma ativa para o resultado.

Essas são algumas ideias, alguns *insights* para que consiga mostrar o valor do seu trabalho e sim, receber os créditos por ele. Afinal, o reconhecimento é muito importante e contribui para que cada profissional alcance seu espaço.

No universo dos negócios em geral, no mundo corporativo e na vida em sua mais ampla compreensão, ter e utilizar bom senso, praticar o espírito de equipe, reconhecer um bom trabalho executado pelo outro e saber apreciar talentos são atitudes positivas que constroem um legado recompensador.

Construir o próprio sucesso é importante. Ajudar o outro a ter sucesso e a crescer é nobre. Afinal, ninguém está só na jornada da ascensão.

3.7. MICRO VS. MACROGERENCIAMENTO

Micro e macrogerenciamento são termos já bastante conhecidos dentre os principais *players* do mundo, dentro e fora do ambiente corporativo.

Obviamente, o objetivo não é explicar em que consiste cada uma dessas formas de gestão, e sim, diante da visão do profissional que busca prosperar na carreira, entender como lidar da melhor maneira possível com cada tipo de gestão, principalmente se a forma que o profissional é gerenciado pelo gestor difere de como esse profissional prefere trabalhar.

Bem, se num primeiro momento parece confuso, permita-me começar do início.

Microgerenciamento é o modelo de gestão em que o gestor costuma acompanhar detalhadamente e de perto todas as atividades que o seu subordinado executa, a cada momento. No modelo, há uma grande demanda do gestor por *follow-ups* contínuos, reuniões periódicas de atualização e o gestor precisa saber praticamente em tempo real o que o seu liderado anda fazendo. É um estilo em que o gestor se prende muito mais às etapas e microtarefas do que no resultado final.

Analisando o papel do líder, o microgerenciamento costuma transparecer várias percepções, dentre elas a possível falta de confiança do líder em seus colaboradores ou a dificuldade dele em delegar. Por parte do funcionário, principalmente se estiver com bastante tempo de função e de casa, a tendência é sufocar e desmotivar o profissional subordinado ao gestor microgerenciador.

Contudo, não é de todo ruim. Há situações que se fazem necessárias. Eis alguns exemplos:

- **Novo profissional na função:** o profissional recém-chegado a uma nova posição ou empresa precisa ser assistido mais de perto, para garantir que será bem treinado, que conseguirá gerenciar todas as suas demandas e trabalhar de forma correta;
- **Dificuldade de priorização:** há profissionais que, em alguns momentos, apresentam altíssima demanda de trabalho e pedem ajuda. Ao gestor, nessas situações, cabe oferecer suporte e garantir que todas as entregas avançarão de acordo com a priorização satisfatória, o que se dá por meio de uma gestão mais próxima;
- **Baixa performance:** o gestor pode decidir acompanhar mais de perto o trabalho do profissional que está entregando menos ou em baixa qualidade, com o objetivo de reorientar o trabalho, ajudando a corrigir *gaps* e recolocando o profissional novamente em linha.

Por outro lado, o macrogerenciamento é uma forma de gerir mais distante, em que o líder costuma delegar mais e cobrar apenas os resultados finais, sem acompanhar cada tarefa durante o desenrolar de um trabalho, preferindo ser um facilitador a qualquer necessidade que o subordinado tenha para concluir o trabalho. Apenas isso, para o gestor macrogerenciador, associado à confiança em seu subordinado, já é o suficiente para saber que o trabalho tende a ser bem executado.

O macrogerenciamento também reflete maior autonomia do gestor em relação à equipe. O colaborador tende a participar mais, a estar mais motivado pela demonstração de confiança no trabalho dele e as coisas tendem a fluir melhor, de maneira mais leve, tanto nas entregas quanto no clima percebido.

Por fim, cada profissional deve saber e perceber qual é o tipo de gestão (feita pelo seu líder) que melhor funciona para você. Caso seja um profissional que goste de ter mais autonomia, trabalhar mais "solto" e mantendo suas entregas, deixe isso claro para o gestor. Nesse cenário, se você prefere ter mais autonomia e se reporta a um gestor microgerenciador, isso se transformará rapidamente num pesadelo. Você se sentirá sufocado, desmotivado e logo pensará em mudar, em deixar a posição ou a empresa por causa do líder.

Ao contrário, se gosta de ser microgerenciado, sentir que tem apoio próximo, que precisa sempre da confirmação em relação à evolução dos trabalhos, igualmente deixe claro ao gestor. E, sobretudo, se estiver trabalhando com um gestor macrogerenciador, certamente se sentirá desamparado, sozinho, sem direcionamento, perdido em meio a tantas demandas que aos seus olhos não estão acompanhadas.

A recomendação é deixar claro para o gestor a melhor forma de gestão que funciona para você. Isso é sim um ótimo ponto de partida para as conversas iniciais quando se muda de gestor, de empresa, e pode evitar muitas situações indesejadas.

Então, vamos conferir as estratégias que você tem para resolver se o estilo de gestão do seu gestor for diferente do seu?

- **Sessão feedback:** como não poderia ser diferente, uma boa sessão de feedback pode ajudar (subordinado e gestor) ao melhor entendimento possível sobre o estilo que cada um prefere trabalhar, imprescindível para manter a harmonia;
- **Construção de credibilidade:** trabalhe na construção da confiança, busque cumprir o prometido (*deliver to promise*). Garanta que o gestor reconheça a qualidade de suas entregas e o compromisso com o cumprimento de prazos. Descreva as etapas

que acontecerão antes que de fato ocorram (o gestor verá que há um entendimento comum e um entendimento de um processo) e ficará mais tranquilo. Com algum tempo, a construção de confiança se fortalece e tende a melhorar;

- **Gerencie *deadlines*:** mostre que está no controle e que não perderá prazos. Esse é também um processo de construção de confiança que fará com que o microgerenciador repense a forma de lidar;
- **Reportes frequentes:** principalmente se for necessário lidar com microgerenciador, tente de início fazer reportes frequentes do status de trabalho e evolução das atividades. Com o passar do tempo, opte por reportar cada vez com menor frequência, à medida que estabelece confiança, pois o gestor entenderá que você também amadureceu com o processo de reportar frequentemente e confiará mais, reduzindo a intensidade do microgerenciamento.
- **Mostre habilidade na priorização:** sempre que possível, inclusive quando tiver que justificar a priorização de uma atividade em detrimento de outra, faça-o de maneira hábil e mostre confiança. A partir do momento que o gestor reconhece que o profissional tem tranquilidade e entendimento o suficiente para avaliar suas atribuições e priorizar atividades, isso contribuirá também para evoluir o processo de obtenção de autonomia por parte do subordinado.

Esta sessão é de extrema importância, está fortemente ligada àquela máxima do mundo corporativo em que, na maioria dos casos, o profissional não se demite da empresa, mas do seu gestor. Muitas vezes, o tipo de gestão realizado está entre os motivos que contribuem para a falta de alinhamento entre gestor e subordinado. Porém agora você tem ferramentas para cuidar disso de forma proativa.

3.8. MEDO DE CHEFE – "SPEAK-UP"

Você, alguma vez, já sentiu inibição ou intimidação diante de alguém com maior nível hierárquico na empresa (um gerente, diretor)?

O desconforto a que me refiro ocorre naquelas circunstâncias em que você tem vontade de discordar da opinião do gestor, de debater a importância de uma ordem dada ou levantar a mão para expor uma situação que não concorda, e não o faz por inibição, intimidação ou obediência hierárquica.

E mais: você já sentiu frio na barriga ao encontrar um gerente ou diretor na entrada da empresa, no hall do elevador?

Se assim aconteceu, você ficou meio sem saber o que dizer?

Já chegou ao ponto de evitar a entrada no mesmo elevador, ou evitar sentar-se à mesma mesa no refeitório?

Se a resposta é sim a qualquer uma delas, seja bem-vindo à maioria!

Você já parou e refletiu por que isso ocorre? Será que é apenas com você, ou com os colegas também?

Você seria demitido, mal avaliado, ou teria a reputação destruída se discordasse do gestor ou de alguém com cargo acima do seu?

Absolutamente não!

Primeiramente, vamos entender um pouco mais dos aspectos culturais das organizações. Para isso, compartilho um estudo feito pelo psicólogo holandês Geert Hofstede.

Entre os anos 1967–1973, Hofstede era funcionário do departamento de Recursos Humanos da empresa IBM.

No período, um dos trabalhos que realizou, foi o de visitar dezenas de países para conduzir entrevistas com funcionários da IBM em diversas funções e localidades. Dentro de seus objetivos, Hofstede buscou entender, através de aplicação de questionários, como cada funcionário atuava, como realizava seu trabalho, a maneira que se relacionava com os pares e superiores, a forma que defendiam suas ideias, e esse grande trabalho permitiu que ele construísse um rico estudo sobre cultura organizacional que abrangia cinco dimensões:

- distância do poder;
- aversão à incerteza;
- individualismo versus coletivismo;
- masculinidade versus feminilidade;
- orientação de curto versus de longo prazo.

A primeira dimensão – IDP – é o que provavelmente Hofstede usaria para explicar o comportamento que descrevi no início ao mencionar como as pessoas subordinadas tendem a colocar-se diante dos que têm posições maiores na organização.

Segundo Hofstede, o IDP é o índice de distância do poder, que reflete a maneira como algumas pessoas de uma sociedade aceitam e respondem a outras que creem estar em posição mais privilegiada. Por exemplo, em um país com alto IDP, pessoas tendem a ser mais submissas, a questionarem menos as outras pessoas em níveis mais altos de poder. Da mesma forma, a desigualdade costuma não ser, ou ser menos, questionada se comparada aos países de baixo IDP.

Esse fator cultural de uma sociedade, país, obviamente transborda para as organizações. Alguns exemplos de alto IDP são os países da América Latina, África, Europa Oriental e Ásia.

Já nos casos dos países de baixo IDP, as pessoas entendem que possuem os mesmos direitos, as desigualdades tendem a ser menores e a hierarquia, por exemplo, é apenas uma questão de conveniência. Dentre aqueles com baixo IDP, destaque para os países nórdicos, Nova Zelândia e Austrália.

Trazendo a questão cultural para o meio corporativo, infere-se que em países com alto IDP, os profissionais tendem a ter maiores dificuldades para se posicionarem perante outros profissionais de níveis mais altos dentro das organizações, o que pode ser altamente prejudicial em vários aspectos: nenhum gestor ou líder de empresa está totalmente correto o tempo todo. É preciso que a equipe possa sempre contribuir e ser parte ativa no direcionamento do negócio, das decisões. A partir do momento que um caminho errado é tomado devido à visão míope do líder, enquanto o subordinado deixou de posicionar-se contrário e expressar o ponto de vista que estaria mais correto para resolver melhor a situação, a empresa perde.

Outro ponto a se atentar é que ao deixar de expressar opinião, compartilhar uma ideia com receio de ser intimidado ou contrariado por algum líder, apaga-se o potencial inovador das pessoas e das organizações, pois a promoção de ideias passa a se limitar pela presença deste fator cultural nas atitudes (ou falta delas).

Durante anos como *sales manager* em uma empresa multinacional do ramo de especialidades químicas, pude vivenciar isso na prática e de formas diferentes. Como tive a oportunidade de realizar centenas de reuniões, ter incontáveis interações com clientes de grandes empresas em quase toda América Latina, via de regra algumas situações se repetiam, compondo um padrão.

A primeira delas caracterizada pela demora e falta de iniciativa de muitos profissionais em fomentar internamente as potenciais mudanças de tecnologia, que poderiam trazer benefícios. Isso se deve, entre outros fatores, à dificuldade de profissionais em acessar a liderança, os tomadores de decisão, e fazê-los pensar em novas soluções, em quebrar paradigmas, em apresentar opiniões e vender internamente conceitos diferentes daqueles que foram utilizados ao longo de anos por seus superiores. Os processos de convencimento, além de levar anos para se concretizarem, ocorriam apenas quando os níveis superiores de liderança (gerentes, diretores) eram envolvidos. Isso deixa clara a teoria de Hofstede na prática quanto ao IDP, que é característica também de países da

América Latina, visto que muitos profissionais não se sentiam com o poder de sustentar uma nova ideia internamente, quebrando velhas normas.

Outra manifestação muito frequente dava-se por conta da necessidade explícita de vários técnicos e engenheiros, durante o processo de estudos e entendimento de uma nova tecnologia oferecida, que pediam para conversar com colegas alemães e norte-americanos. Podíamos até dizer a mesma coisa, mas os clientes precisavam escutar as explicações vindas de um profissional estrangeiro para realmente terem a confiança de que a tecnologia proposta realmente traria benefícios e risco baixo.

O mesmo tipo de conceito e comportamento, culturalmente falando, é relatado por Malcolm Gladwell no capítulo 7 de sua obra *Outliers*, ao descrever a teoria ética dos acidentes de avião. Em resumo, Gladwell descreve alguns relatos de acidentes aéreos, cuja investigação de tais eventos aponta para a submissão de uma cultura em relação à outra como fator crítico para a ocorrência desses acidentes aéreos.

Mais uma vez, aponta para a relevância do comportamento que o fator cultural chamado por Hofstege de IDP pode gerar na sociedade e consequentemente nas empresas.

Caso você perceba que, de alguma forma, tal situação já tem afetado sua trajetória profissional, faça um exercício de reflexão e prepare-se para uma mudança de visão importante na direção do seu sucesso profissional e para que a carreira avance de uma vez por todas.

Pense quais situações inibem você e prepare alguns gatilhos para lidar com elas. Compartilho algumas dicas que podem mudar a forma de se posicionar perante pessoas de maior nível hierárquico que o seu.

Comece por você: a empresa precisa que você se expresse, se posicione, agregue argumento, refutações e conhecimento, discuta pontos de vista, independentemente se para isso terá de se manifestar a favor da maioria ou contrário à liderança. O primeiro passo é mudar o *mindset* e saber que de agora em diante, deverá pensar diferente para se posicionar diferente;

Brainstorming: no caso de reuniões em que é comum as ideias do seu líder se sobressaírem mesmo que não sejam as melhores, traga ferramentas colaborativas com sessões de *brainstorming*, votações e outros recursos para que todos, inclusive você, tenham voz.

Brainwritting: é também uma ferramenta de colaboração, promoção de troca de ideias para resolução de problemas ou melhoria de algo. Funciona como um tipo de *brainstorming*, porém escrito, por e-mail e outras ferramentas. Em ambos os casos, *brainstorming ou brainwritting*, o conceito é que todos tenham voz, gerando discussões para impedir que apenas a do gestor tenha peso.

Feedback: como já se comprovou em diversos trechos da obra, utilize as sessões do poderoso feedback para expressar ao líder que gostaria de ser mais ouvido. Reforce o feedback trazendo exemplos, momentos em que tinha uma ideia melhor, e, por algum motivo, não foi incentivado a colocar em prática. Sugira que a liderança peça mais a sua participação e da equipe e que pratique mais a escuta ativa;

LinkedIn: exato, LinkedIn é outra ferramenta poderosíssima. Sabe aquele frio na barriga de não saber o que dizer ao encontrar algum chefão da empresa? Então, crie o hábito de adicionar líderes, pares, liderados aos seus contatos dessa rede social. Invista um tempo olhando o perfil de cada um deles, veja os pontos em comum, os pontos que poderiam render um bom começo de conversa (cidade de origem, escola ou faculdade que estudou, curso que fez, hobby etc.). Em resumo, é um excelente *ice breaker*, o famoso quebra-gelo.

3.9. ALGUÉM ME INTIMIDA – O QUE FAZER?

Lamentavelmente, há incontáveis casos e situações de intimidação, de relacionamentos tóxicos dentro das empresas de todos os segmentos. Às vezes, acontece pelo despreparo de líderes ou por uma liderança permissiva, noutras, por uma cultura organizacional conivente com os comportamentos incongruentes e inaceitáveis. E, às vezes, até mesmo por perfis e profissionais que por si só utilizam de más condutas e destoam da cultura da empresa. Seja qual for a via, nenhum profissional que se preze quer estar inserido num ambiente ou em uma relação tóxica no trabalho, independentemente de onde esteja vindo a intimidação ou o assédio, seja de pares, líderes, liderados ou de colegas das outras áreas. É imprescindível saber lidar com esse tipo de situação nas mais variadas formas que possam ocorrer.

Casos que envolvem ambiente tóxico, intimidações, abuso de poder, assédio e afins podem ocorrer de muitos jeitos. São várias situações que talvez causem nó na garganta, incômodos diversos ou aquele enorme desconforto com situações desagradáveis e recorrentes, nas quais o profissional sabe que algo não está indo bem, mas fica sem saber o que fazer, emocionalmente abalado, neutralizado ou impedido de agir.

Se o sentimento ou a sensação já aconteceram ou acontecem com você, algo está errado e precisa, principalmente, da sua ATITUDE para ser mudado.

Gerar tal mudança e sair de uma situação assim exige muita paciência, resiliência e força de vontade. Contudo, veja algumas estratégias efetivas:

Verificação: imagine-se numa conversa de trabalho que subitamente toma um rumo errado. A outra pessoa começa a se exaltar, diz coisas inapropriadas, faz uso de manifestações descabíveis como "esse relatório tá um lixo" ou "isso que você fez foi uma burrice sem tamanho". Tais comentários são exemplos de manifestações inaceitáveis em qualquer situação e representam claramente uma comunicação inapropriada. Ao escutar declarações assim, utilize algumas frases como:

Você pode repetir o que disse?
O que você quis dizer com isso?
Para onde você está querendo levar esta conversa?

Tais perguntas, além de dar aquele tempo para a pessoa respirar e buscar sentido no que disse, possibilitam que racionalize e reflita rapidamente no que acabou de falar, salvo revelar o tom de descontentamento, indignação e não aceitação, obrigando a outra pessoa a se reposicionar e se retratar.

Paramos por aqui: há cenários em que a conversa tóxica tende a seguir, apesar de você utilizar a técnica da pergunta de verificação, o que deverá gerar vergonha e culpa na pessoa. Nesses casos de rumo inadequado da conversa, seja firme, claro e definitivo, dizendo, por exemplo:

— Não gosto do rumo desta conversa. Caso mantenha este tom, vou me retirar.
— Isso que você acabou de dizer é inadmissível. Vou interromper a conversa por aqui e quero que continuemos na presença de tal pessoa.

Além de interromper a conversa que está indo para um rumo inapropriado, essas frases fortes e bem colocadas podem cessar todo um processo ou uma relação tóxica instalada, pois levarão o interlocutor a ponderar sobre a conduta inapropriada que acabou de ter ou que demonstrou algumas vezes. Em resumo, são quatro ações:

- faça a pessoa pensar;
- convide uma testemunha a participar;
- fundamente-se;
- escale o problema;
- busque os meios formais da empresa para reportar a situação (liderança, recursos humanos ou canais de denúncia).

3.10. SEJA SELETIVO NA ESCOLHA DAS REFERÊNCIAS

Vamos avaliar um caso de mudança de estilo. Na última reunião regional de um determinado time de vendas para fechamento do trimestre, além dos bons resultados, houve a marcante apresentação do novo gerente geral para a região da América Latina, Marcos Máximo.

Todos os vendedores e membros do time estavam bastante ansiosos, cheios de expectativas. Marcos Máximo era um sujeito vivido, carismático, simples e pragmático. À primeira vista, seu estilo beirava até "pouco formal" para a empresa, já que usava camisa de manga curta e relógio esportivo, advindo da sua prática de triathlon amador. Os demais colegas da equipe de vendas, até ali, andavam alinhados ao estilo mais social e formal, conforme a "moda corporativa tradicional".

Um mês se passou e lá estavam todos novamente na sala, para a reunião mensal de fechamento, agora um pouco mais familiarizados com o novo líder. Dessa vez, o estilo mais formal de todos tinha cedido lugar às camisas de manga curta ou longa e dobrada. Só alguns poucos ainda trajavam paletó e o time parecia mais à vontade na presença de Marcos. Inclusive, embora de uma maneira mais tímida, já tinha naquela sala até mesmo os novos adeptos de triathlon.

Marcos Máximo nada disse, mas intimamente ficou a refletir se a mudança de hábitos e trajes era somente uma questão de "hábitos de grupo" ou se aqueles colaboradores que mudaram radicalmente o estilo de se vestir estariam, possivelmente, se esforçando para "serem melhor enxergados".

O relato, que não retrata algo raro, curioso ou incomum, indica que as pessoas mudam de estilo, comportamento, jeito de falar e agir. É a manifestação de um típico comportamento humano de grupo, acontece em qualquer junção de pessoas, seja de escola, igreja, esporte, política ou empresa. Ademais, está relacionado à aprovação social, a desejar ser notado, aceito, a gerar empatia e até notoriedade.

No mundo dos negócios, isso acontece muito. Pessoas muito atentas à nova liderança ou à chegada de outro profissional influente no pedaço fazem esse espelhamento e, algumas vezes, quase uma reprodução de gestos, de vestimentas, do jeito, do andar e do falar para se tornarem parecidos com aquela figura, ou para criar uma imagem diferente e mais confiante de si, perante outros colegas e profissionais da empresa.

Até certo ponto, isso é conhecido e entendido como comportamento de grupo, algo que tende a acontecer naturalmente quando se convive por muito tempo com uma pessoa. No entanto, em alguns casos, fica evidenciado que o profissional pode usar apenas um truque de marketing pessoal para ser visto como alguém potencialmente maior ou melhor do que realmente é. Neste caso, há que se tomar cuidado, pois esse "mimetismo" pode se tornar uma armadilha; para traduzir melhor, vou compartilhar o começo de carreira de Diogo. Antes disso, se você não sabe, explico: mimetismo é uma estratégia do mundo animal, em que a presa se disfarça de caça para ter sucesso, ou a caça imita sua presa e outros animais para ter mais chances de escapar.

Engenheiro mecânico recém-formado e recém-egresso de seu intercâmbio, Diogo sempre foi muito articulado, comunicativo e dado ao bom relacionamento.

Rapaz ambicioso, que sonha alto, participou de processos seletivos em algumas empresas e acabou ingressando numa grande mineradora. Por ter ingressado como trainee, reportava-se ao gerente geral de manutenção e teve a oportunidade de ser mentorado por Nunes, diretor de operações.

Nunes acumulava mais de três décadas naquela indústria, havia passado por todas as posições e atividades. Pode-se dizer que conhecia aquilo como ninguém. Por sua história, Nunes tinha enorme prestígio e credibilidade com os colaboradores. Mas, por excesso de confiança e conhecimento, em alguns momentos escorregava.

Faltava paciência e sobrava rispidez, escolhia palavras pouco elegantes, era muito enérgico e decisivo. Digamos, em resumo, que Nunes não hesitava em exercer sua autoridade.

Diogo estava ali, absorvendo o que conseguia e vendo tudo aquilo como outra faculdade. Hábil e de bom relacionamento, a partir de suas mentorias, aproximou-se do líder, criando boa conexão e grande afinidade. Diogo o admirava e achava o máximo desfrutar daquela proximidade com o diretor. Passou a ter Nunes como referência de profissional bem-sucedido.

O tempo foi passando, Diogo se espelhando mais e mais em Nunes. Gostava da praticidade com que o diretor resolvia os assuntos, da sua maneira de ir "direto ao ponto", da disciplina com horários, da clareza com que conversava. Com o tempo, Diogo foi de certa forma se moldando aos comportamentos e atitudes peculiares de Nunes.

Acontece que a perceptível mudança de Diogo começou a incomodar muita gente, pois os colegas passaram a ver que Diogo se portava parecido com Nunes, inclusive em conversas mais delicadas, quando perdia a paciência e não fazia a melhor escolha de palavras. Com pouco tempo, Diogo foi automaticamente isolado por alguns colegas, perdendo visibilidade em assuntos e trabalhos em que poderia, em outros tempos, se destacar. Como resultado, portas e possibilidades internas se fecharam.

O que aconteceu a Diogo se repete com vários profissionais, que às vezes percebem, noutras, não têm a compreensão do que está acontecendo. No mundo dos negócios, especialmente dentre os que buscam alta performance na entrega, é preciso manter autenticidade e personalidade.

Ninguém consegue crescer exponencialmente e construir uma marca pessoal sólida se a cada momento adapta a personalidade, espelhando-se em líderes ou seguindo influências do momento, uma inconsistência que não tarda a ser percebida.

Por isso, enquanto edifica uma carreira exitosa, esteja atento ao que se pode absorver e aprender em termos de comportamentos e habilidades com outros profissionais ou líderes. Adote cuidados para não absorver comportamentos indesejáveis, inconsistentes, que em nada contribuirão com o seu crescimento e desenvolvimento. Seja bastante seletivo na escolha de referências profissionais e, ainda assim, esteja atento às características positivas, interessantes, que irão somar positivamente às suas *skills* sem mudar sua essência ou sua personalidade.

3.11. O PODER DE CONVERSAS 1-A-1

Com o passar dos anos, várias e várias situações me mostraram o poder do tipo de contato ou interação "1-a-1", ou conversa 1-a-1.

Analisando em perspectiva, percebe-se que as pessoas vivem sem tempo, com mais coisas a fazer do que a real capacidade de realizá-las plenamente. Neste contexto, as relações interpessoais que antes aconteciam de maneira presencial agora são muito mais virtuais ou através de redes sociais.

Assim, quando cede um tempo seu para interagir, escutar, conversar com outra pessoa, isso é realmente genuíno, pois já mostra implicitamente que há uma doação de algo precioso, o tempo.

Tal doação é ainda mais intensa se a interação for de qualidade, com uma escuta ativa de ambas as partes que a torna mais proveitosa.

Tendo em mente essa reflexão sobre a forma de conversa 1-a-1, há uma série de situações e contextos, razão pela qual vale considerá-la, em muitos casos, até mais importante do que as reuniões em equipe.

Na época em que atuava como engenheiro na indústria química, ao ser aprovado recém-formado em um concorrido processo de trainee, logo fui integrado à equipe e passei a lidar com aquele gestor, mais rígido, com bastante tempo de casa. Cheguei a mencioná-lo em outra sessão, você se recorda?

Homem de reputação e opinião forte, trato duro e autoritário. Muitas pessoas disseram isso ao meu amigo, que chamaremos de Rodolfo (nome fictício). Quando Rodolfo entrou, disseram a ele que seria um grande desafio trabalhar na equipe, pois teria que seguir muito bem o que esse gestor quisesse.

Com o tempo, Rodolfo de fato foi confirmando o cenário e o desafio que representava trabalhar com quem já possuía grande experiência numa área específica. Para que Rodolfo pudesse construir sua reputação, teria que aprender a lidar com ela de uma forma estratégica.

Em pouquíssimo tempo, Rodolfo entendeu que o gestor gostava de plateia, ou seja, não havia quem pudesse ir contra. Em reuniões, o posicionamento dele era enérgico, forte, estivesse certo ou não. Sugeri a Rodolfo que começasse a experimentar conversas 1-a-1 quando os pontos de vista fossem divergentes. Sem plateia, o tal gestor ficava muito mais aberto, cortês, e praticava escuta ativa, conversando no mesmo nível, ainda que as opiniões fossem contrárias. Com frequência, era possível influenciar a mudança de rumo ou decisão, mas por meio de trabalho que precisava ser feito inicialmente nos bastidores, sempre no modo 1-a-1.

Com o passar do tempo, Rodolfo me agradeceu pela dica 1-a-1 que dei, pois resolveu a questão. Sua credibilidade foi construída com o gestor de tal forma que, adiante, ele começou a pedir sua opinião durante as reuniões e situações importantes, algo incomum aos olhos de pessoas com as quais o gestor já trabalhava há anos.

Em outro momento vivenciado, testemunhei o poder da conversa 1-a-1, conforme fiz a transição de carreira da área de engenharia, da indústria para a área comercial. Ao começar na nova empresa multinacional, tendo sido contratado por um diretor norte-americano, recebi como pacote de boas-vindas algumas centenas de e-mails, relacionando assuntos que precisavam de atenção com brevidade. Ainda que soubesse da demanda que já se insinuava, um desses e-mails se destacou entre tantos outros, o que me fez sentir-me extremamente prestigiado e com a sensação de estar me integrando a uma grande companhia, com profissionais diferenciados. Este e-mail dizia o seguinte:

> Caro João. É uma grande felicidade para a nossa empresa tê-lo de agora em diante conosco. À parte das questões de trabalho, e da alta demanda que você terá de lidar, quero te convidar para fazermos sessões abertas de conversa 1-a-1. Quero que saiba que poderá utilizar essas sessões, que marcaremos uma vez por semana com duração de 30 minutos, para conversarmos sobre o que você quiser. Importante que tenha a oportunidade como um tempo seu, para conversarmos sobre o que quiser; a vida, futebol, família, trabalhos em andamento. Este é um convite gentil de minha parte e fique totalmente à vontade conforme quiser seguir. Não sinta, tampouco, a obrigação de responder. Se achar boa ideia, sinta-se à vontade, marque diretamente um horário em minha agenda para começarmos nossos bate-papos. Seja bem-vindo!

O gesto foi marcante para mim, de uma inquestionável grandeza. Logo, senti-me muito honrado em ter meia hora com esse diretor para conversar sobre qualquer assunto, aprender com ele, compartilhar preocupações e conquistas. Foi um grande sinal de gentileza pelo tempo doado, que fez automaticamente com que eu quisesse retribuir. Em consequência, isso me motivava e fazia com que me esforçasse muito para fazer o meu trabalho da melhor maneira possível.

Compartilho ainda uma situação que se deu quando estava nos EUA, em Kentucky, participando de uma convenção anual de vendas. Após o dia inteiro de reuniões sobre vendas, discussões sobre metas, resultados, planejamento do ano entrante etc., alguns colegas de fora da cidade foram gentilmente convidados para uma recepção na casa de um *Head* de vendas. Alguns se organizaram para ir de carro e, nesse processo de organização, o próprio *head* de vendas global do segmento que eu gerenciava me convidou para ir com ele, para conversarmos 1-a-1.

Eu era novo na empresa, e ele estava três níveis acima de mim. Eu respondia por uma região grande e complexa, a América Latina, e ele queria a oportunidade de me conhecer, saber das minhas expectativas e preocupações.

Saímos de carro para a casa onde seria a recepção daquela noite. O trajeto durou cerca de 25 minutos. Falamos sobre dificuldades atuais do negócio, futuro, expectativas de carreira e, ao final, ele se colocou à disposição sempre que precisasse, durante minha caminhada profissional.

Foi outra ocasião em que me senti bastante lisonjeado. Recorri, sim, a ele em alguns momentos durante a jornada e, de fato, ele me ajudou bastante tanto nos negócios quanto na carreira.

Da mesma forma, pude ajudá-lo em várias ocasiões durante o tempo em que trabalhamos no mesmo segmento dentro da empresa, e aquela conversa praticamente foi o gatilho para selar uma parceria de ajuda mútua e uma aliança duradoura. Mais uma vez, pude constatar o valor de conversar 1-a-1, com uma escuta ativa genuína.

É importante ter consigo que uma conversa 1-a-1 não é algo necessariamente formal, com horário marcado na agenda, como o primeiro exemplo que descrevi nesta sessão. Essas valiosas conversas com frequência acontecem fora do escritório, no cafezinho, no restaurante, no aeroporto ou durante um trajeto. É preciso estar atento e não desperdiçar essas grandes oportunidades.

3.12. REVELAÇÃO DE UM PROJETO BEM-SUCEDIDO

Você já refletiu que nos bastidores, muitas vezes, se esconde o núcleo do êxito de qualquer projeto? Permita-me explicar.

Há consenso que o tema "projeto" é amplo, investigado por uma infinidade de livros, metodologias, ferramentas e teorias. Em geral, essa infinidade tem a simples tarefa de contribuir para que as expectativas de determinado projeto sejam atingidas ou superadas, ao menor tempo e custo, trazendo maior rentabilidade ou ganhos.

O objetivo é abordar uma nanopartícula do assunto tão vasto conhecido como "projetos", que realmente faz a diferença para gerenciar e, principalmente, engajar as pessoas que são essenciais para a evolução e concretização de qualquer trabalho, tenha o tamanho ou a natureza que for.

Há aqueles em que o líder, gerente ou coordenador do projeto reúne uma equipe multidisciplinar, visando buscar o resultado apesar da heterogeneidade das pessoas, dos perfis, valores, comportamentos e outros fatores.

Além disso, em grande parte dos projetos, quem está à frente, em posição de coordenação ou destaque nem sempre exerce a liderança formal sobre todos os membros do projeto. Aqueles que já tiveram a oportunidade de liderar projetos com pessoas não diretamente subordinadas bem sabem quão importante e desafiador é obter comprometimento e engajamento de todos. O cenário apresenta alguns perfis clássicos e que costuma se identificar:

Colaboradores natos: são espontaneamente comprometidos e automotivados, do tipo "pau pra toda obra". Geralmente, gostam de participar e assumir responsabilidade. Contribuem positivamente e tendem a agregar valor.

Indecisos: são aqueles que "ora tá bom, ora não tá", que pendem para o lado de quem quer contribuir ou para o lado de quem não o faz, que ora arrumam um meio para fazer, ora arrumam desculpas, ora se posicionam a favor de tudo, ora contra todos. Além disso, são influenciáveis, podem sempre mudar de lado a depender das circunstâncias.

Força de resistência: é aquela minoria que costuma ter opinião mais forte e contundente, formada por gente que se expressa com tanta verdade e paixão que acabam influenciando os indecisos e, em alguns casos, até os automotivados. É o típico perfil que deve sempre fazer parte do projeto, justamente para contrabalançar e, ao mesmo tempo, exercitar a autocrítica em relação às decisões tomadas ou ao rumo que o projeto vai seguindo. No entanto, pode representar grande perigo caso acabem se tornando obstáculos irredutíveis, já que podem promover reais impedimentos para o avanço do projeto.

Há dois cuidados que o líder ou coordenador do projeto deve ter que é de não ser apagado por essas pessoas, além de saber se posicionar, garantindo tanto as discussões saudáveis e bem equilibradas quanto o avanço do projeto.

Ciente de que invariavelmente as pessoas com diferentes perfis e motivações compõem as equipes, o líder deve estar com os sentidos bastante afiados e o radar atento para garantir o bom ritmo evolutivo do projeto.

Há cenários em que as discussões em equipe passam a ser pouco efetivas e a falta de consenso se torna impedimento para o próximo passo. Somado a isso, é comum que as pessoas se tornem menos flexíveis em reuniões, dada a questão/crença cultural de que "quem cede ao ponto de vista do outro sai com a imagem enfraquecida perante a equipe".

Nesse ponto, principalmente quando o comportamento se torna evidente e o líder não consegue contorná-lo nas reuniões, a melhor estratégia a ser utilizada passa a ser a que já estudamos: a dos bastidores.

Para exemplificar, vou dividir outro exemplo.

O último exemplo que poderá agregar valor a você diz respeito à gestão de projetos e a importância de conversas 1-a-1 para o sucesso destes.

Em certo momento da carreira, gerenciei um projeto com uma equipe global, contando com profissionais da Alemanha, Estados Unidos e outros países. O projeto era bastante técnico, consistia em fazer o *scale-up* de um produto, produzindo-o em escala industrial.

De maneira resumida, um produto criado como protótipo em laboratório deveria ser produzido em grande escala, para atender a indústria. No projeto, gerenciei colegas bastante técnicos, como gerentes de planta, engenheiros e pesquisadores.

A princípio, como eu era o que mais "destoava" da equipe pelo fato de ser da área comercial, percebi que havia uma resistência dos colegas em compartilhar informações e contribuir para o projeto.

No entanto, o projeto consistia em alavancar uma nova área de negócios para a empresa, então o meu propósito era buscar o máximo de engajamento deles para ajuda mútua, de forma que conseguíssemos transferir a produção da escala experimental e laboratorial para um arrojado ciclo fabril.

Após ter feito duas reuniões, percebi grande distanciamento dos colegas e uma postura de reserva visível da maioria da equipe, que evitava colaboração. Estava lançado meu desafio, enquanto líder.

Refleti bastante e resolvi adotar outra postura, outra estratégia. Utilizei o 1-a-1 e mudei para uma atuação de bastidores.

Marquei sessões em separado com cada um deles. Dediquei um tempo com cada participante do projeto e pratiquei escuta ativa. Com isso, descobri muitas coisas interessantes e algumas em que pude atuar para fomentar a participação da equipe durante as reuniões de projeto.

Vencida essa fase individual, marquei nova reunião com toda a equipe e, adivinhe: o clima foi outro.

Todos estavam mais flexíveis, colaborativos, entendendo melhor o objetivo do projeto e o que cada pessoa teria que fazer para contribuir.

Além disso, após ter escutado cuidadosamente os vários pontos de cada um, pude balancear tudo e discutir com a equipe possíveis caminhos para o projeto, porém de uma forma muito mais delineada, assertiva e engajada.

Em resumo, a lição ficou registrada: a importância de se fazer um bom trabalho de bastidores ao perceber que as reuniões com o time, por algum motivo, passam a ficarem improdutivas, mornas ou, de certa forma, truncadas.

3.13. COMPARTILHE RESPONSABILIDADES

Dentre as várias fases da carreira, como mostrei em outro momento, podemos começar pela autogestão. Depois, o profissional pode vir a ter uma equipe e desempenhar papel de líder. Mais adiante, quando já possuir certa senioridade e for capaz de atuar fortemente no desenvolvimento de pessoas e equipes, pode se tornar líder de outros líderes.

Recapitulando o primeiro nível da fase de autogestão, basicamente o começo de carreira e início do desenvolvimento da alta performance, o indivíduo aprende e aperfeiçoa os próprios padrões, métodos e processos, aprimorando o gerenciamento do seu tempo, de suas atividades e entregas. Na etapa, normalmente ainda não tem equipe para delegar tarefas. É um momento de grande importância para buscar amadurecimento.

Num próximo nível, poderá eventualmente ser responsável pelas próprias tarefas e pelo gerenciamento de outras pessoas, de uma equipe, com a possibilidade de trazer o resultado através do trabalho conjunto. Na etapa, outras competências são requeridas e terá que conhecer as competências de cada membro de sua equipe, ser estratégico para conseguir gerar o melhor resultado com este recurso. Para isso, é imprescindível saber delegar.

Todavia, o profissional não deixa de lado a fase 1, de autogerenciamento, porém incorpora a fase 2, do gerenciamento de outros profissionais, quando delegar se torna imprescindível para ter sucesso.

É um processo que requer tempo e treino, assim como muitas conquistas na vida. Então, quero trazer algumas perspectivas sobre atitudes precursoras a esta competência tão necessária para um bom líder que é a capacidade de delegação.

Logo, se delegar é um processo, precisamos aprender a fazê-lo, começando por pedir ajuda, buscando informações com os profissionais de outros departamentos, realizando *brainstorming* com os colegas ou pedindo orientação ao seu gestor. Ou seja, consiste na busca de algum recurso ou informação que vá além de você. Ao solicitar informação a um colega de outro departamento, por exemplo, faz-se um pré-treino para desenvolver a competência de delegar. Observe que, se está pedindo algo a alguém, certamente há um prazo e escopo definido. Isso é, por essência, delegar.

Ainda assim, mesmo buscando informações, consultando ou solicitando algum tipo de suporte a outros colegas, você continua responsável por reunir todas as partes, fazer a consolidação, revisão e entrega.

Já em outras ocasiões, o trabalho talvez seja ainda maior e mais complexo. Neste caso, mesmo querendo, você não conseguirá resolver apenas buscando ajuda de outros profissionais da empresa. Tampouco, tem equipe a quem possa delegar tarefas.

E aí, o que fazer?

Tem solução para tais complexidades no mundo corporativo e no mundo dos negócios pela mais ampla visão que se possa ter de ambos?

Sim, e chamo de compartilhar responsabilidade.

Claro, quero chamar sua atenção para um esclarecimento, evitando compreensões rasas. Diametralmente oposto a supostas limitações, quero validar que compartilhar responsabilidades não significa:

a. ter pouca ou nenhuma segurança;
b. ter falta de conhecimento;
c. ser menos qualificado por precisar de ajuda alheia para entregar uma demanda.

Ao contrário disso, para a empresa, quando o funcionário entende que determinada demanda é grande ou complexa demais a ponto de ser necessário compartilhar responsabilidades, ou mesmo riscos, o gesto é visto positivamente, como uma clara demonstração de maturidade profissional.

Diferentemente de ter a ajuda de outros para cumprir uma entrega que é de sua responsabilidade, ao passo que compartilha a responsabilidade, você envolve profissionais, sejam colegas ou gestores, que passam a ser corresponsáveis pelo sucesso da entrega, apresentação, projeto e afins. Portanto, as partes entendem que não apenas compartilharão uma informação ou uma pequena tarefa, mas que juntos buscarão um resultado grandioso, o atingimento de uma meta, por exemplo.

Como venho fazendo na maioria das sessões, acredito que um bom exemplo ajuda a dar realidade e sentido ao tema. Permita-me compartilhar mais um exemplo, para que fique ainda mais nítida a diferença entre compartilhar responsabilidade e delegar.

Em certo momento da carreira, atuando na área comercial e tendo como minha responsabilidade a região da América Latina, acabei acumulando tarefas adicionais durante um período de reconfiguração da equipe regional de vendas.

Tornei-me responsável por um grande projeto, uma nova planta delineada para o México, uma das minhas regiões de atuação. Era um projeto importante e estratégico não apenas para a América Latina, mas para a empresa como um todo.

Fiz estudos, preparei propostas técnicas e comerciais para a nova planta química e o projeto consumiu tempo, energia e atenção máxima. Ao mesmo tempo, sabia da grande importância que a nova planta tinha para a empresa. A oportunidade crescia, o projeto estava iminente, demandando cada vez mais atenção e dedicação. Chegou um momento em que, sozinho, não seria possível suportar a crescente demanda pelo projeto e precisei escalar internamente, envolver gestores e compartilhar responsabilidades.

Para isso, abordei o diretor da região América do Norte, pedindo que disponibilizasse recursos em sua região para dar suporte ao projeto da América Latina. Assim feito, passei também a contar com ajuda e suporte de colegas de outra região. Todos entenderam que para alcançar o sucesso no projeto, precisaríamos atuar juntos e orquestradamente. Logo após essas articulações, em conjunto com os colegas da América do Norte, conseguimos estruturar e realizar uma excelente reunião, que foi decisiva para o fechamento bem-sucedido do projeto da nova planta.

Obviamente, no mundo corporativo nada é de fato simples. O tempo de todos é escasso e cada profissional está cada dia mais e mais imerso em demandas. Por isso, quero compartilhar uma lição muito importante, que deve estar presente em três atos:

a. no ato de pedir ajuda;
b. no ato de compartilhar responsabilidade;
c. no ato de delegar.

Sendo que esse último é uma *skill* imprescindível principalmente para aqueles que já possuem posições de liderança e por consequência dispõem de liderados a quem se pode delegar atividades.

Saber interpretar a importância de um assunto vai além de entendê-lo em sua lista de tarefas. Requer que se saiba a relevância do tema para a empresa assim como para os resultados da companhia.

Quando passa a ter clareza sobre o que é importante para você, para o resultado da equipe e da empresa, e se torna capaz de traduzir isso aos outros colegas, sejam pares ou superiores, você já está bem próximo de conseguir compartilhar responsabilidades com sucesso.

3.14. LIDERANÇA INDIRETA

Preparar-se para virar um verdadeiro líder é o desejo de muitos que procuram ascensão na carreira, correto? Mas faço uma pergunta, uma provocação no bom sentido da palavra:

Você sabe o que é preciso para se tornar líder e alcançar uma posição de liderança?

A essa altura da obra, certamente você já possui elementos e recursos para responder à pergunta, porém permita-me contribuir.

Eu poderia responder de muitas formas. Poderia lembrar que é preciso desenvolver as *skills* de um líder, estar preparado para diversos cenários e contratempos, ser e dar o exemplo, ter bons planos, conectar-se com as pessoas, trabalhar o autoconhecimento, seguir pesquisando e estudando novidades no Brasil e no mundo, ter paciência e, evidentemente, acumular vivência no mundo dos negócios, além de muitas outras coisas.

Nesta sessão quero abordar um aspecto extremamente relevante e pouco convencional, que pode ser decisivo.

Ouso dizer que talvez seja o mais importante *insight* para os profissionais que buscam ocupar posições de liderança, como coordenadores, gerentes e executivos.

É comum que os profissionais, principalmente a população que experimenta os seus primeiros anos (<15) de carreira, enxerguem um caminho padrão para o tão pretendido cargo de liderança:

"Entregar bons resultados => Destacar-se entre os pares => Ficar bem posicionado para uma posição de liderança."

A sequência existe sim, só está incompleta. Diga-se de passagem, a etapa mais importante para tornar-se líder é a intermediária, que precede a obtenção do cargo formal e, muitas vezes, está implícita no processo de desenvolvimento: a liderança indireta.

Não é uma posição formal na estrutura da empresa, mas é uma forma de liderar, tenha ou não o cargo, seja ou não reconhecido como líder por pares e gestores.

Agora sim, de maneira clara, o fluxo que mais se aproxima do real caminho para chegar a uma posição de liderança é:

"Entregar bons resultados ⇒ Destacar-se entre os pares ⇒ **Tornar-se líder indireto** *⇒ Ficar bem posicionado para uma posição de liderança."*

Na maioria dos casos, os profissionais creem que basta ter as melhores entregas, ser o melhor qualificado e o mais experiente da equipe para chegar lá. Não é verdade e esse tipo de expectativa pode gerar enorme frustração ao ver outro profissional, às vezes menos sênior, nem tão bem qualificado ou com menor conhecimento, ser promovido na sua frente.

Tornar-se líder indireto basicamente consiste em exercer a liderança sem ter o cargo em si. Para chegar lá, evidentemente, deve ser bom profissional, bem avaliado pela gestão e pela empresa. Isso significa primeiramente fazer muito bem a autogestão, o que inclui ter qualidade de entregas, cumprir e respeitar prazos estabelecidos, saber priorizar atividades e gerenciar bem suas relações de trabalho.

Somado a isso, você deve se tornar excelente *team player* – membro de equipe. Para isso, é importante praticar o espírito colaborativo, compartilhar conhecimento e experiência com os pares, ajudá-los de maneira espontânea sempre que possível. Atitudes assim fazem com que o profissional seja respeitado pela equipe, passe a ser solicitado a resolver questões, tomar decisões, tornar-se agregador ao time e, consequentemente, que comece a exercer influência positiva, uma liderança de forma indireta. Em resumo, esse é o nobre caminho para exercer a liderança indireta.

Não é tão fácil nem elementar. Cada vez mais, os profissionais têm maior quantidade de demandas e entregas, o que os deixa presos à sua lista de atividades, sem praticamente nenhuma flexibilidade para estender o braço aos colegas e pares. Por isso, tornar-se líder indireto não é tão trivial e exige dedicação.

Alcançando a liderança indireta, as pessoas automaticamente percebem em você um líder em potencial, suas opiniões ganham relevância, você passa a ser consultado e requerido por seus pares, o gestor e a organização também começam a observar sua performance de maneira diferente. Ao mesmo tempo, o gestor passa a notar e recorrer a você como alguém que pode ajudá-lo na gestão. O gestor entende que eventualmente pode contar com você quando precisar que algo seja feito, pois já identifica o seu poder de influência positiva diante do comportamento da equipe. Além disso, o gestor pode inclusive começar a compartilhar assuntos de gestão, diferentes dos temas abertos que costuma tratar com o restante da equipe.

Chegando a tal estágio, você conseguiu se posicionar frente aos pares através de um processo natural, ajudando a todos e conquistando importante espaço junto à liderança. Por consequência, aumentam as chances de ser visto como sucessor natural e poderá se tornar o braço direito do gestor, figura que há de ajudar a atingir seus objetivos de carreira.

Normalmente, além dos colegas e do gestor direto, a organização numa perspectiva mais ampla (recursos humanos, gestores de outras áreas e níveis, colegas de outros departamentos) também começam a perceber a mudança de comportamento do profissional e notam já uma postura de líder em formação. Este caminho é certo e definitivo para você que planeja ter uma posição de liderança na organização. Coloque-o em prática e os resultados virão.

3.15. SMALL TALKS

Agora você já sabe o valor que tem o seu tempo e o tempo de outros profissionais, no dinâmico e intenso mundo dos negócios. Cientes de que o tempo de interação é limitado e deve ser bem utilizado, para ser um profissional de alta performance, é preciso que a comunicação aconteça de maneira assertiva, clara e objetiva, capaz de transmitir o conteúdo com objetividade, mesmo em uma interação rápida, o que justifica a relevância de dominar a arte das *small talks*, ou conversas pequenas.

Essas *small talks* vão além da capacidade de obter atenção por um tempo pequeno e ajudam você a demonstrar que é uma pessoa interessante e conectada ao que está acontecendo, que é observador, que pode agregar valor com poucas palavras, que possui alto poder de síntese e inteligência emocional. Os *small talks*, em boa medida, podem ser a ponte entre o anonimato e a relação de proximidade, além de ser uma ótima estratégia para aproximação de alguém que você admire, uma liderança em alto nível, ou mesmo uma pessoa desconhecida.

Com anos de dedicação ao mundo corporativo, lembro-me de ter testemunhado incontáveis *small talks*, interações rápidas de alguns segundos ou minutos com pessoas conhecidas ou desconhecidas, em qualquer posição da empresa, independentemente da cultura ou idioma. É a chance de interação para se apresentar, fazer um *pitch*, um convite, vender ou reforçar uma ideia. Com o tempo, fui percebendo certos padrões que funcionam melhor e outros, nem tanto.

Precisamos reconhecer que, inclusive ciente da importância de saber conduzir uma *small talk*, ao mesmo tempo pode ser extremamente desconfortável para muitos. Pense você, alguma vez em que teve a possibilidade de ficar frente a frente com um chefão da empresa, um alto executivo, alguém decisivo para um projeto seu, ou para dar a palavra final a uma possível promoção.

Você terá sentido frio na barriga?

Quem sabe, uma sensação de grande insegurança?

Ou sentiu segurança, mas também que poderia ter feito melhor?

Pois bem, por isso o assunto ainda é tabu a muitos profissionais, e precisa ser olhado, trabalhado com atenção. Poucas são as oportunidades de causar boa impressão, assim, devemos aproveitá-las para gerar impacto positivo, a nosso favor.

Certa vez, logo no início da minha carreira, estava a caminho da reunião de fechamento da "semana de melhoria contínua" na fábrica. Foi uma sessão para pouco mais de cem pessoas, com apresentação de resultados. Nessa oportunidade, todos os líderes estariam presentes, assim como o diretor industrial, que faria a abertura, a entrega de certificados e o fechamento do evento. Estava eu a caminho do auditório, a 50 metros da entrada e simplesmente o diretor parou ao meu lado, para atravessar a rua. Olhei, cumprimentei-o e pensei em pelo menos umas cinquenta possíveis abordagens diferentes numa fração de segundos para fazer uma interação rápida e gerar uma conexão. Notei que ele estava com um dos botões da camisa desabotoados e sabia que ele era o tipo de pessoa que realmente prezava por estar bem apresentado. Não hesitei.

— Olá, tudo bem? Olha, desculpe-me pela indiscrição, mas notei que o botão de sua camisa está aberto e não pude deixar de avisá-lo.

Ele agradeceu e brincou.

— Olha, nem percebi. Ainda bem que avisou, obrigado!

Aquelas poucas palavras serviram para quebrar o gelo. O mais interessante é que criamos até certa afinidade e sempre que tínhamos alguma interação, transitávamos por assuntos aleatórios e assuntos de trabalho com muito mais naturalidade, como se fosse dispensável ter que quebrar o gelo em todo novo encontro.

Encontros casuais assim, no estacionamento, no hall do elevador, no cafezinho, geram interações despretensiosas que devem sempre ser vistas como "subir um nível" na escala de relacionamento com aquela pessoa. Por exemplo, se a pessoa for totalmente desconhecida, desenvolva uma interação para saber o nome, em que trabalha, há quanto tempo está na empresa. Com isso, você sai do nível 1, de completo desconhecido, para o nível 2, em que sabe o nome e onde trabalha. Na próxima oportunidade, utilize a *small talk* para ir do nível 2 ao 3, fazendo alguma pergunta que leve a pessoa falar de si, e tente identificar afinidade ou interesse em comum (esporte, filhos, pets, filmes, estilo, livros, área de afinidade na empresa etc.). No nível 3, você e a pessoa já dispensam apresentações e são capazes de conversar sobre um assunto de interesse em comum. Numa próxima possibilidade, pode eventualmente rumar ao nível 4, convidando a pessoa para tomar um café ou almoçar, por exemplo.

Por outro lado, algo que não deve ser feito em interações rápidas é o que eu chamo de "efeito fila de mercado". Com certeza, você já esteve em alguma fila de banco, supermercado ou atendimento ao público, em que alguém se aproxima com falas queixosas.

— Nossa, que demora, é um desrespeito!
— Esta fila não anda!
— Que calor insuportável!
— Aqui cobram horrores, mas tratam a gente assim!
— Não oferecem nem mesmo um lugar para sentar.

Abordagens assim dão início a um *pingue-pongue* de reclamações, e as partes envolvidas não conseguem sair do *loop* indignado, de reclamar ou falar mal de alguma situação, o que gera desconforto, é desagradável, não agrega valor a nenhuma das partes. Em resumo, a conversa não se desenvolve para qualquer contexto construtivo ou proveitoso.

Exemplifiquei situações casuais quando se encontra algum profissional da empresa, um líder, e precisa desenvolver uma breve interação, mesmo que não se tenha uma intenção. No entanto, há também situações não casuais que preveem intenção pré-concebida e são comuns no contexto de negócios, em que uma das partes tem a intenção de aproveitar a interação por algum motivo específico, seja fazer um *pitch*, conhecer alguém importante para ajudá-lo com um trabalho, ou alguém que possa ser importante para a carreira. Em todos os casos, é inevitável falar em preparo.

Em abordagens que podemos chamar de “pitch de negócios”, existe um roteiro assertivo que é breve, sucinto e capaz de gerar impacto ou despertar atenção, por meio de poucas palavras.

Para exemplificar o roteiro, vou descrever uma passagem em que fiz um pitch para um alto executivo da companhia, pois precisava de sua anuência para liderar um projeto importante para a empresa.

Era um encontro de revisão estratégica de vendas, na matriz da companhia, nos Estados Unidos.

Meu objetivo, à época, era obter aprovação de um projeto, passo importante que me daria visibilidade e reconhecimento, algo que vinha buscando naquele momento da carreira.

Sabia que precisava encontrar um momento para trocar algumas palavras com Bill, diretor-executivo global responsável pelo segmento, homem muito demandado, decerto com a agenda totalmente dedicada às reuniões e interações com outros líderes regionais presentes no evento. Eu estava ciente de que sobrariam apenas uns raros momentos entre um compromisso e outro para abordá-lo.

Eu não era alguém totalmente estranho a Bill, mas não tínhamos qualquer interação além de “Olá, tudo bem?”.

Precisava avançar o nível e fazer meu *pitch*. O momento de sorte surgiu enquanto escovava os dentes após o almoço. Bill entrou no banheiro e logo brincou com o fato de eu escovar os dentes naquele momento, pois em outras culturas o hábito de escovar os dentes após todas as refeições é menos comum. Com a brincadeira dele, a bola estava comigo, precisaria nutrir a conversa e “devolver a bola” para iniciar uma interação, quebrar o gelo, apresentar-me melhor, fazer algum comentário inusitado, conseguir a atenção, etapas mais difíceis de um *pitch*.

Aproveitei o tom leve e ofereci o creme dental. Ainda em tom de brincadeira, ele agradeceu e respondeu, sorrindo.

— Já escovei uma vez hoje, e não quero gastar meus dentes.

Eu já tinha "devolvido a bola" e agora precisaria ir ao próximo passo, ou seja, entrar no *pitch*. Aproveitei a oportunidade e disparei.

— Sabe, Bill, gostaria muito de apresentar um projeto a você. Já conversei com os colegas da equipe e com o diretor regional, todos viram grande potencial. Coletei dados, fiz um estudo que mostra pontos de melhoria em nossos principais produtos. Podemos aprimorar a formulação e seremos mais competitivos nas licitações. Para conduzir o projeto, vou precisar de recursos e apoio de outros colegas, mas só consigo avançar com a sua anuência.

Essas palavras não levaram mais do que vinte segundos. Dito isso, ouvi a resposta.

— João, isso parece formidável. Que tal almoçarmos juntos, e conversamos com mais detalhes?

Era tudo o que precisava naquele momento e fica o ensinamento: nos *pitchs*, a clareza de onde se quer chegar com a abordagem estabelece um acordo de fechamento, uma próxima ação concreta decorrente da interação, do pedido. Seja a assinatura de um documento, uma aprovação, um tempo adicional para conversar com a pessoa, um *follow-up*, funciona em todos os casos. No meu caso, precisaria obter um tempo adicional com Bill para explicar o projeto, receber o aval e avançar.

Felizmente, o *pitch* foi exitoso. Consegui a atenção de Bill, apresentei o projeto e o resultado foi sensacional. O projeto foi aprovado e tinha autorização para seguir a todo vapor.

Confira com o exemplo que eu passei pela fase de quebrar o gelo e pela apresentação da demanda até culminar no resultado pretendido. O *pitch*, como se percebe, é uma ferramenta poderosa de *small talks* e por isso, preparação e conhecimento da sequência de etapas pode fazer a diferença para você.

Por fim, considere a importância estratégica de usar essas breves interações, as *small talks*, para conectar-se a novos contatos, construindo e aumentando a sua rede de relacionamentos em diferentes níveis da organização, ou para conseguir algo através de um *pitch*, seja de forma casual ou intencional.

4
DIMENSÃO 3
PROFISSIONAL E A EMPRESA

Antes de iniciar os primeiros *brainstormings* da terceira dimensão, quero agradecer muito a você, que tem dedicado tempo e atenção para absorver tudo o que, cuidadosamente, elenquei ao escolher os temas. Na última etapa da obra, espero aprofundar as reflexões sobre a relação entre profissional e empresa.

Se o colaborador "apenas" for excelente profissional e cultivar suas relações de forma estratégica, o sucesso profissional não estará garantido.

É necessário fazer com que a empresa enxergue suas habilidades, competências e resultados, que seja articulado para ser visto pela companhia enquanto se relaciona com as pessoas.

Você, profissional, sabe muito bem que em uma organização as pessoas mudam, mas a empresa permanece. Se a empresa, enquanto entidade, não encontrar meios de reconhecer suas virtudes, se a sua competência for percebida apenas por algumas pessoas ou alguns líderes, o sucesso fica refém da continuidade dessas pessoas em posições-chave.

É necessário agir com inteligência corporativa para, ao longo do tempo, pavimentar um sólido caminho entre você e a companhia, a fim de que possa progredir independentemente da presença ou ausência daquela pessoa, ou da posição por ela ocupada. Permita-me, então, explicar a inteligência corporativa.

Se você já possui algum tempo de estrada, deve ter observado que alguns profissionais conseguem fazer brilhante e meteórica carreira. Quase sempre, além de cumprirem bem suas atividades, são pessoas bem articuladas, que conseguem demonstrar seu valor, que permeiam muito bem entre diferentes níveis e setores da organização, que se mantêm firmes, mesmo em cenários de mudanças, e estão sempre bem cotadas para promoções e novas oportunidades. Além disso, são hábeis em construir boa reputação. A esta combinação de talentos, costumo intitular como inteligência corporativa.

Em contrapartida, há profissionais excelentes, gabaritados, que desempenham bem seus papéis, que são até bem vistos pela equipe e por gestores imediatos ou distantes. No entanto, parecem estar sempre do lado de fora do hall daqueles que estão bem posicionados para promoções e posições de destaque.

Você pode se perguntar:

Se o profissional é bom, tem a constante preocupação de entregar a máxima alta performance, faz bem a autogestão, cuida de forma estratégica das suas relações, o que mais faltaria para ter sucesso no mundo dos negócios, esteja atuando no meio corporativo, no comércio, na indústria, no terceiro setor, numa organização de qualquer segmento?

Exatamente por isso, precisamos ingressar na terceira dimensão, que consiste em cuidar da sua relação com esta entidade maior, a empresa.

Vou oferecer nuances sob a ótica do profissional e da empresa. Espero, assim, revelar caminhos que poderão evitar, para muitos, que fiquem invisíveis por anos ou décadas, invertendo essa lógica perversa, abrindo espaço para se destacar e prosperar.

Vamos começar pelo comportamento do profissional frente às mudanças, de maneira que você seja capaz de responder de forma madura e profissional a qualquer mudança organizacional, mostrando resiliência e inteligência emocional. Veremos também a importância de cuidar da saúde mental, sabendo que nós somos testados a todo tempo e as companhias são hábeis em reconhecer e promover os profissionais emocionalmente inteligentes e equilibrados, bem como "congelar", deixar na geladeira os profissionais que não transmitem segurança e equilíbrio. Versaremos ainda sobre a relevância de construir uma imagem profissional, como demostrar o seu valor quanto profissional através de suas entregas, como ser reconhecido e recompensado. Adicionalmente, espero aprofundar os pensamentos sobre "ser um talento", além de investigar o que diferencia os profissionais promovidos dos estagnados. Por fim, como em todas as dimensões, quero revelar as armadilhas que podem representar o "fim da linha" para bons profissionais.

4.1. MUDANÇAS – ADAPTE-SE E SOBREVIVA

Há uma máxima que circula pelo mundo corporativo:

"Esta empresa é uma montanha russa."

A analogia com o entretenimento de parques faz sentido. Na montanha russa, a direção muda várias vezes com altos e baixos, momentos mais velozes, outros menos, manobras que dão frio na barriga, momentos de prazer ou euforia. No mundo dos negócios, também há instantes de insegurança, incertezas, frustrações, alegrias, decepções e celebrações.

São incontáveis momentos e mudanças, a maioria inesperada, imprevisível, e sabe qual é a grande verdade, por mais óbvia que possa parecer? A melhor forma de preparar-se é estar pronto para quaisquer circunstâncias, para qualquer sobe e desce ou revés.

Sem aviso prévio, impactos surgem bem diante de nossos olhos, sem que tenhamos escolhido ou planejado: mudança na empresa ou no segmento, no sistema, no setor em que atua ou no governo, sem contar as expansões e fusões.

Há outros impactos que envolvem diretamente a ciranda profissional das pessoas com quem lidamos: mudança de líder ou de equipe, um que é demitido, outro que é promovido, um terceiro que não estava preparado e virou líder, um quarto demitido, um quinto que recebeu *feedback* ruim, e por aí vai.

Profissionais de quaisquer campos de atuação, portanto, precisam ter consciência da importância de que cedo ou tarde, alguma mudança exigirá respostas maduras, adaptabilidade e resiliência.

Pense em algum líder que você tenha conhecido. Imagine quantas mudanças aquele gerente, diretor ou presidente de empresa já deve ter vivido até chegar à posição que hoje ocupa. Intuitivamente, pode-se deduzir que o profissional sênior tenha passado por muitos e muitos momentos de mudanças que exigiram grande capacidade de adaptação. Certamente, enquanto enfrentaram tais cenários por tantos anos e em diferentes situações, puderam praticar o autoconhecimento e entender como enfrentar aquilo que os afetava, direta ou indiretamente. Dessa maneira, tornaram-se hábeis em desenvolver ou aprimorar ação, reação e decisão para lidar com as mudanças.

Assim aconteceu com "Raul", que cursou engenharia mecânica em uma conceituada universidade e começou a estagiar no quarto ano da graduação, em uma empresa multinacional. Logo que se formou, foi efetivado como engenheiro júnior e como já tinha participado de projetos importantes, recebeu certo reconhecimento.

Seu gestor imediato havia detectado o potencial de Raul e seguia apostando em seu desenvolvimento como engenheiro.

Raul tinha "pegada", o típico profissional comprometido, bem relacionado, do tipo que se envolvia de cabeça nos trabalhos. Há três anos como engenheiro, havia abordado seu gestor sobre a ambição de se tornar engenheiro pleno. Correspondido, Raul percebia que sua promoção estava próxima e se continuasse assim, logo chegaria o tão esperado reconhecimento.

Alguns meses à frente veio a notícia. A empresa foi comprada por um grupo estrangeiro e a reboque, algumas mudanças na liderança da fábrica foram inevitáveis, inclusive o seu gestor imediato foi designado a assumir outra responsabilidade. A nova administração destacou outro gestor para a posição antes ocupada pelo líder de Raul.

Em decorrência da mudança, o novo gestor desconhecia todo o histórico de resultados construídos por Raul, assim como os acordos pré-existentes entre ele e seu antigo gestor, como a tão esperada promoção para o cargo de engenheiro pleno.

Lamentavelmente, meses e meses depois, Raul permanecia estagnado e suas expectativas de promoção congeladas.

A mudança foi um balde de água fria. Raul estava na iminência de uma promoção e tudo parou, gerando um sentimento de decepção, frustração, perda de motivação e descrença na gestão e na empresa.

Raul passou a ficar distante, desconectado, sua antiga alta performance desabou e seu comportamento já não era o mesmo.

Como é de se esperar, essa queda repercutiu negativamente diante da nova gestão, fazendo com que a promoção ficasse ainda mais distante.

Caro leitor, convido você a refletir alguns pontos da história de Raul, especialmente sob a ótica da mudança e seus efeitos no profissional.

Como você avalia a reação do personagem à mudança de gestão?

Como você teria reagido?

O que você teria, eventualmente, feito diferente?

Como você poderia ter minimizado qualquer possível impacto negativo, para se adaptar à mudança de uma maneira mais *soft*, mais assertiva?

Ora, mudança é algo que mexe com o ser humano, então "alguma" reação é esperada. Pelo olhar da empresa, ela sempre deseja que os colaboradores estejam em alta performance e munidos de motivação.

Contudo, sabemos que muitas mudanças podem causar impacto na motivação e na performance, especialmente dos que estão menos preparados para adaptar-se às situações de mudança, como Raul.

Ora, como será que os profissionais de alta performance, os talentos, os que estão no topo das organizações no mundo dos negócios, lidam com as recorrentes mudanças que fazem parte do dia a dia empresarial?

Será que sofrem?

Será que se deixam abalar, perdem motivação, performance, disciplina, resiliência, garra, comprometimento e foco?

Como os altos executivos, por exemplo, lidam com o processo de mudança?

É exatamente para responder a essas questões que precisamos contemplar nas mudanças algo que pode e deve ser encarado como um processo, de etapas bem definidas, que o tornarão capaz de se conhecer e entender como costuma responder aos cenários mudados. Além disso, uma vez que reconhece seu padrão de resposta, você conseguirá trabalhar para aprimorar e gerenciar-se de forma que, cada vez mais, consiga lidar com as mudanças corporativas usando maturidade, sabedoria e inteligência corporativa.

Proponho usarmos como baliza o conhecido modelo chamado "curva da mudança" ou "modelo de Kubler-Ross", criado pela médica psiquiatra e escritora, a suíça Elisabeth Kubler-Ross, que desenvolveu uma série de estudos ao longo da década de 1960, vivenciando e acompanhando pessoas que lidavam com luto, perdas e traumas, ou seja, mudanças intensas. Ao observar o comportamento dos que enfrentaram esses eventos, a doutora observou um padrão de comportamento, com fases características e bem definidas, de maior ou menor intensidade, maior ou menor duração.

Cientes de que no mundo dos negócios, as mudanças preveem fases comportamentais intrínsecas à natureza humana, pode-se dizer que existe um caráter de previsibilidade. Ou seja, por mais que os eventos geradores dessa mudança sejam de naturezas distintas e imprevisíveis, conhecer e entender o comportamento padrão ajuda a ter a necessária resiliência.

Quanto melhor se posicionar o profissional diante das mudanças, minimizando a perda de performance e maximizando os resultados, mais bem visto, algo imprescindível para a construção de uma boa relação com a empresa, será o objeto de nossa atenção nesta terceira dimensão que proponho.

Visando as estratégias de:

a. aprofundar a reflexão sobre cada uma das fases comportamentais pós-mudanças;
b. entender como suavizar cada momento.

Vamos avaliar a história do engenheiro Raul, compartilhada há pouco.

Fase I – evento (choque): momento do impacto, do recebimento da notícia e da surpresa. Raul é informado da saída de seu gestor imediato e algumas perguntas começam a surgir.

Quem será o novo gestor?
Como será sua gestão?

Como ficarão meus acordos feitos com o antecessor?
Que impacto esta mudança terá em meu trabalho?

Fase II – paralisação: a pessoa tende a ficar travada, tentando captar sinais ou movimentações para entender possíveis impactos e desdobramentos que a mudança poderá trazer.

Raul começa a perceber que "o bonde dele passou", e sua promoção levará mais tempo do que esperava, ao mesmo tempo em que tenta entender e reluta em aceitar que a mudança de gestão o tenha impactado diretamente. É aí que tem início a próxima fase.

Fase III – negação: pode acontecer de o profissional relutar, desacreditar que a mudança realmente esteja acontecendo, ainda mais se impactá-lo diretamente. Há pessoas que demonstram e externalizam sentimentos de discordância com a mudança proposta e outras que preferem a negação em silêncio.

Em ambas as fases, da paralisação à negação, para muitos ainda é cedo para ter real alcance dos possíveis impactos, pois são estágios que podem passar rápida ou lentamente, a depender de cada pessoa e perfil.

Além disso, a ordem dessas fases pode se inverter ou mesmo se sobrepor. Contudo, quanto mais o profissional permanecer em negação e evitar crer que a mudança aconteceu ou acontecerá, mais difícil e estressante será o processo.

Fase IV – raiva: é quando predomina o sentimento, seja com a roupagem de raiva ou de frustração. Ainda há uma dificuldade de aceitar a mudança, mas, apesar de ser um estágio emocional, começa a haver uma busca pela retomada do controle. O profissional pode demonstrar raiva, insatisfação com a empresa, o gestor ou com a mudança, porém cresce a busca por entendimento, a despeito dos sentimentos confusos. No caso de Raul, ele sente que sua iminente promoção tenha sido afetada e culpa a empresa, o líder, a mudança em si.

Fase V – negociação: as coisas começam a se acalmar. Basicamente, um momento em que a pessoa passa pelo processo interno de negociar, buscando alternativas para retomar a situação. Pode até buscar compensações, como mecanismo para minimizar um possível impacto que a mudança possa ter gerado. Talvez, queira entender a nova condição ou estratégia, porém ainda com o tom de negação presente em sua abordagem, o popular estado de "pé atrás".

Fase VI – depressão: estágio caracterizado por desânimo, desmotivação e confusão. Por consequência, nas empresas, esse estado se converte em baixa performance, desinteresse e baixa produtividade.

Uma característica adicional é que dentro do ciclo da mudança, se porventura a etapa de negociação foi mal resolvida, a etapa da depressão pode se agravar e aumentar.

Pense no caso de Raul, que estava claramente preso a algum estágio entre as fases de raiva e depressão, portanto incapaz de avançar pela curva da mudança até alcançar os estágios seguintes, de aceitação e adaptação à nova realidade.

É o tipo de situação que ocorre sim, e muito mais do que pensamos. Traumas gerados por mudanças em ambientes profissionais podem fazer a pessoa desistir da empresa, da carreira e até mesmo da profissão.

Por outro lado, se o profissional entende que está passando por um processo de mudança que o afeta diretamente, ao conhecer cada uma dessas etapas da curva de mudança, saberá que após a fase da raiva, da depressão, chegará à fase de aceitação. Por isso, quanto mais rápido o indivíduo superar as fases iniciais, mais celeridade terá para recuperar a motivação, o brilho e a alta performance.

Entrevistados, grandes executivos e talentos cujos resultados evidenciam sua alta performance, quase sempre dizem ter adaptabilidade e resiliência.

Ora, essas *soft skills* mostram que é relevante conhecer cada passo do processo de mudanças, pois todos passarão por esses estágios característicos. Conforme adquire sabedoria com o autoconhecimento, vai se tornando consciente de como deve reagir em cada etapa de um processo de mudanças.

Fase VII – aceitação: finalmente, a página é virada. O trauma, a decepção e o desânimo dão lugares a algo mais positivo. Profissionais deixam de focar naquilo que era ou que se perdeu, para focar no novo caminho e, quem sabe, nas novas oportunidades que a mudança poderá trazer. É notória a recuperação da autoestima, do engajamento e da alta performance. A fase já caracteriza um momento menos emocional e mais pragmático, pois o profissional racionaliza sobre o cenário, suas atividades, sua ascensão, as novas estratégias e o futuro.

No caso de Raul, a aceitação da mudança poderia ser representada por uma aproximação do novo líder para ajudá-lo em sua curva de aprendizagem, desta maneira aumentando a possibilidade de ocupar um lugar estratégico em relação ao novo gestor, o que credenciaria Raul a um possível reconhecimento.

Fase VIII – redescoberta: conhecida também como fase de exploração, o profissional aceitou a mudança, começou a entender as novas regras, a explorar mais o novo contexto dotado de genuíno interesse, enxergando-se em outro cenário, talvez com outro papel, outras atribuições, outra gestão, engajado em outra missão. Dá-se início a um processo de redescoberta, com a cabeça já voltada para o momento pós-mudança.

Fase IX – comprometimento: mudança realizada, entendida e digerida, agora é hora de voltar a acelerar os motores e performar.

O profissional está engajado no novo contexto, comprometido com a mudança, seja ela qual for: de emprego, de líderes, de equipe, de atividade. Além disso, a motivação se restabeleceu e a performance foi recuperada ou, no mínimo, melhorada. O novo profissional ressurge, em suma, pronto para o desafio.

Novamente, convido você a resgatar na memória algum momento profissional de mudança.

Enquanto vivenciava a mudança que a sua capacidade memorialista acaba de trazer à luz, você diria que se viu nas fases descritas?

Se soubesse desse padrão de comportamento provocado por mudanças, como você acha que teria agido, respondido ou reagido?

Teria feito algo diferente?

O autoconhecimento sempre aceita e permite evolução. Sabendo disso, a cada mudança com que se depara, você conhecerá melhor o seu padrão de comportamento e conseguirá mostrar-se mais resiliente, assertivo e estratégico, desenvolvendo sua inteligência corporativa, sendo capaz de demonstrar adaptabilidade e resiliência, tal qual os altos executivos, líderes seniores e profissionais diferenciados.

No mundo dos negócios, no empreendedorismo e em todos os segmentos, sempre é esperado que o profissional tenha alta performance, que mantenha a quantidade e a qualidade de suas entregas.

Por isso, lembre-se, agora que você tem recursos para se conhecer melhor: preparação é a chave.

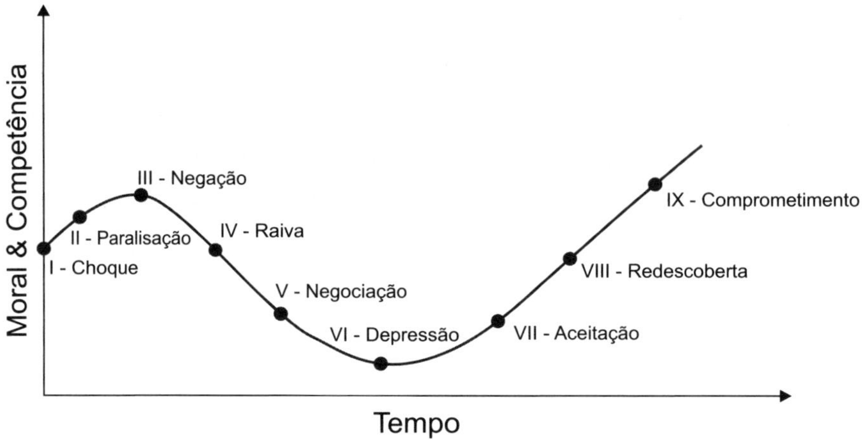

Figura 8 – Curva da Mudança.
Fonte: elaborado por João Gonçalves.

4.2. GERENCIANDO SUA SAÚDE MENTAL

Ela, na visão de todos, era a favorita. Ginasta americana de 24 anos, Simone Biles, uma das maiores e mais premiadas atletas de todos os tempos, foi exaltada e ficou ainda mais conhecida durante as Olimpíadas de Tóquio, em 2021, não pela conquista de medalhas, mas a partir da repercussão do seu marcante ato de coragem.

Desde 2013, Simone já vinha acumulando títulos de relevância em campeonatos mundiais de ginástica artística e eventos afins. Sua primeira participação em Olimpíadas deu-se em 2016, no Rio de Janeiro, com uma brilhante participação que resultou em quatro medalhas de ouro e uma de bronze em diferentes modalidades, consagrando-se como atleta e ginasta.

Ocorre que Simone é atleta profissional de alta performance, acostumada a competir, a performar sob pressão, a buscar superação e quebra de recordes diariamente. Mas, logo após sua apresentação individual na final feminina por equipes, deixou a arena alegando estar sem condições psicológicas para competir.

Susto para alguns, choque para outros, o fato é que a comunidade esportiva e a torcida viam na ginasta grandes chances de medalha, mas Simone desistiu, inclusive, das provas finais em barras assimétricas, salto e solo. Era praticamente o fim das olimpíadas de Tóquio para ela.

No pronunciamento, manteve a classe sempre observada em sua trajetória e total franqueza: "tenho que me concentrar na minha saúde mental".

O gesto de coragem trouxe algumas importantes lições que se aplicam a muitos contextos, tanto no esporte quanto na corrida por ascensão na carreira, diante do frenético mundo dos negócios.

Os atletas de alta performance podem chegar à exaustão mental e ao esgotamento da saúde psicológica derivado da intensa rotina de treinos, da cobrança por superação de resultados, da contínua busca por desenvolvimento e aprimoramento, do tempo em que permanece sob pressão ano a ano, em um ambiente de extrema competitividade. Da mesma forma, os profissionais de quaisquer segmentos estão sujeitos às condições que tem levado cada vez mais pessoas, e cada vez mais cedo, à condição de esgotamento.

Diferentemente do que se presenciava, por exemplo, dentre os anos 2000 e 2010, já não é incomum que você, alguém próximo ou um colega conhecido da empresa, tenha vivenciado crises de estresse, ansiedade, depressão ou síndrome de burnout, dada a cobrança por alta performance, superação de resultados, cumprimento de metas, desenvolvimento pessoal, produtividade, resolução de problemas associada à velocidade com que as informações permeiam as organizações. Além disso, é inegável que a conectividade faz com que tudo seja para ontem, tornando necessária uma constante atualização. Tal cenário complexo e dinâmico faz com que os profissionais vivam acorrentados às grandes bolhas de ansiedade, esgotamento e estresse.

Esses não são os únicos vilões da saúde mental. No ano de 2005, os escritores M.P. Leiter e C. Maslach trouxeram valiosa contribuição na obra intitulada *Acabando com o Burnout*, fruto de pesquisas e entrevistas que realizaram com mais de 10 mil pessoas em diferentes tipos de organizações e países.

Os autores identificaram a maioria dos desajustes entre profissional e empresa, com potencial de levar a quadros de burnout, classificando as principais causas em seis categorias, que vale resumir para você se precaver.

Carga de trabalho: refere-se ao volume excessivo de demandas não previstas, indisponibilidade de recursos que atrasam ou impactam negativamente a qualidade ou a quantidade das entregas, acúmulo de atividades, tarefas, reuniões, entregas, funções, projetos, carga horária, dentre outros.

Controle: retrata a gestão que não dá autonomia suficiente para o profissional desenvolver o seu trabalho, que impõe rédeas e regras excessivas através de microgerenciamento, formando um ambiente em que o colaborador sente-se vigiado, preso, sem liberdade para atuar e desempenhar seu papel. Além disso, dado o microgerenciamento, a gestão ocupa muito do tempo do colaborador, que necessita reportar cada etapa, cada passo, algo contraproducente que resulta em menor produtividade, em demandas adicionais, além do próprio estresse advindo desse controle excessivo.

Recompensa: caracterizado por falta de reconhecimento ou de apreciação pelo trabalho realizado, pela ausência de elogios e pelo tempo prolongado sem acréscimo salarial. Qualquer profissional, além de desenvolver-se, almeja progredir financeiramente, o que tem relação direta com o reconhecimento por parte da empresa.

Com isso, a falta de recompensa e reconhecimento se tornam gatilhos para desmotivação, insatisfação, ansiedade, depressão e outras situações que envolvem a saúde mental.

Comunidade: o estresse deriva principalmente das situações geradas no âmbito do relacionamento interpessoal no trabalho, que levam ao sentimento de não pertencimento. Eis alguns clássicos exemplos: inclusão malsucedida que deixa o profissional com a sensação de não ser bem-vindo, bullying, tratamentos desrespeitosos ou conflituosos, preferência por um profissional em detrimento de outro, assédio moral e sexual.

Justiça: situações de certa complexidade, em que se destaca também o favoritismo, a preferência por alguns, ou circunstâncias discriminatórias e de arbitrariedade que, em linguagem popular, poderíamos chamar de "dois pesos, duas medidas".

Valores: indica as divergências de valores pessoais, morais e/ou éticos. Pode ocorrer entre os profissionais independentemente da hierarquia, entre o colaborador e seu líder, entre o colaborador e seu par, ou mesmo entre o profissional e a empresa, trazendo problemas críticos, gerando preocupações, desajustes, ansiedade, transtornos, pressão e burnout.

Entendendo as seis categorias que podem levar a desajustes e questões de saúde mental, como estresse, fadiga emocional e burnout, quero convidar você a fazer uma reflexão sobre o seu atual momento e contexto profissional.

Pensando em cada uma dessas áreas, sugiro que utilize a representação a seguir, com o círculo central, e atribua notas de 1 a 5 para o nível de satisfação em que se percebe, sendo a nota 5 como "muito satisfeito" e a nota 1 como "completamente insatisfeito".

Figura 9 – Aspectos da Saúde Mental no Ambiente de Trabalho.
Fonte: elaborado por João Gonçalves.

Recomendo que a reflexão seja praticada várias vezes, sempre que algo estiver em desalinhamento, levando ao cansaço, à fadiga mental, ao estresse no ambiente de trabalho. Encorajo você a olhar com maior atenção para as áreas que classificou com notas 4 ou 5, pois sugerem situações desafiadoras, que podem levar a algo mais sério ou comprometedor à sua saúde, empregabilidade e carreira.

Pode-se dizer que um grande ensinamento foi partilhado no ato de coragem da ginasta Simone Biles durante as Olimpíadas de Tóquio, ao ter sabedoria e consciência para tomar a difícil decisão de priorizar a saúde mental e até sua integridade física, escolhendo não seguir com as provas. Simone entendeu que a combinação dos fatores cansaço, pressão, estresse e fadiga poderiam levá-la a algo mais grave se não fosse imediatamente abortado.

E você, diria que se conhece, mental e fisicamente?

Afirmaria que sabe identificar cenários, pessoas ou circunstâncias que podem levar você ao mais profundo estresse no trabalho?

Poderia afirmar que sabe reconhecer seus limites, a exemplo da atleta?

É preciso ter atenção contínua. Muitas vezes, profissionais entram em períodos de estresse por negligenciar sinais importantes do corpo e até mesmo dos comportamentos que adotam. Sem perceber, talvez estejam caminhando a passos largos para quadros de estresse, como síndrome de burnout e depressão.

Normalmente, sob a condição de estresse, é possível observar um ou mais sinais físicos e comportamentais. Eis alguns exemplos:

- **Físicos:** dor de cabeça ou de estômago, cansaço, palpitações, falta de ar, falta ou excesso de apetite, tonturas, queda de cabelo, alterações no sistema digestivo, distúrbios do sono;
- **Comportamentais:** alteração de humor, isolamento, irritabilidade, agitação, emotividade, reações drásticas às situações, ansiedade, perda de concentração, dificuldade para relaxar ou desconectar de alguma atividade.

Aos profissionais que optaram pelo mundo dos negócios, uma constatação faz-se bastante provável: trabalharão durante duas, três, quatro ou até mais décadas.

Para ter e manter uma performance consistente por tanto tempo, um certo equilíbrio é imprescindível, uma constância para construir e resistir à uma carreira duradoura, à uma próspera jornada.

Relembro a analogia feita aos atletas de corrida. Velocistas fazem provas curtas de 100 metros e o que importa é a explosão, o tiro, o *sprint*.

Já o atleta de provas longas também precisa da explosão, porém deve ser usada estrategicamente em momentos específicos de uma prova longa.

Os maratonistas precisam ter, acima de tudo, resistência, cadência, estratégia, para que sejam capazes de atuar de maneira sustentável por anos ou décadas. Exatamente assim acontece com os profissionais de alta performance no mundo dos negócios, em qualquer nicho.

Imagine que desastroso seria ao velocista que usualmente corre provas de 100 metros, querer competir na maratona de 42 quilômetros utilizando as mesmas técnicas, o ritmo de costume. Algo há de sair errado.

É exatamente o conceito que espero deixar com a abordagem; a real importância de zelar pela saúde mental, gerenciando sempre e da melhor forma o seu ritmo de trabalho, as suas demandas.

O mercado precisa de *players* que optam por esse cuidado. Por isso, zelar pela saúde mental, a sua e a da equipe, comunica muito sobre você à empresa, indicando sua maturidade, inteligência emocional e corporativa, indica que estará pronto e constante quando a empresa precisar.

Mantenha-se sempre vigilante quanto à saúde mental e ao equilíbrio pessoal-profissional, o ponto-chave para desenvolver uma relação de confiança com a empresa, contribuindo para a carreira próspera e sustentável que você merece.

4.3. SEJA UM TALENTO

Recém-formada no curso de engenharia, pode-se dizer que Talita fez uma grande faculdade. Não por causa da alta performance. Pelo contrário, flutuava entre as notas seis e sete, o suficiente para avançar e concluir.

Durante o período de universidade, Talita aproveitou para expandir seu universo, lapidando o conhecimento em inglês, conhecendo um pouco de espanhol e francês, aventurando-se também pelas linguagens de programação, empresariado júnior e outras atividades. Entusiasta das disciplinas mais distantes da grade técnica de engenharia empreendeu ainda algumas disciplinas optativas sobre empreendedorismo e negócios.

O seu sonho era ser aprovada em um programa de *trainee* de alguma empresa. Em sua visão, não precisava estar entre os tops, bastaria ser uma boa empresa com um programa de *trainees* bem estruturado. Talita foi classificada dentre milhares de candidatos e felizmente, teve a chance de escolher, optando pelo ingresso numa indústria química.

De início, foi tudo como ela sonhava, um programa muito estruturado, de formação intensiva que facilitava experimentar diferentes áreas, além da exposição direta a vários líderes. Após os dezoito meses de programa, Talita deveria ser capaz de apresentar um projeto que gerasse algum tipo de ganho para a empresa.

Talita estava determinada. Por um lado, tinha enorme vontade de aprender, de se conectar com as pessoas e fazer um ótimo trabalho. Por outro, questionava-se constantemente: como eu, recém-graduada, nova nesta indústria, conseguirei ver algo que ainda não visto por quem está aqui há anos?

Como qualquer pessoa recém-formada, trazia na bagagem conhecimento e ferramentas, porém aquele era o momento de provar-se capaz de transformar a bagagem em valor agregado.

Talita teve a iniciativa simples (e poderosa) de se reunir com os profissionais de cada departamento, para conversar sobre os principais problemas e as dores não tratadas. Em pouco tempo, conseguiu identificar muitas oportunidades de melhorias na empresa, algumas delas com grande potencial.

Organizando um grupo de pessoas mais experientes para ajudá-la a priorizar os problemas e a entender onde poderia "atacar" primeiro, não tardou e Talita tinha em pauta três grandes projetos que poderia liderar, com ótimas chances de gerar resultados expressivos.

Nos últimos meses do programa de *trainee*, Talita selecionou e organizou um grupo técnico para trabalhar em dois projetos que, juntos, gerariam uma economia de alguns milhões.

Seu grande feito foi a capacidade de "unir silos", fazendo as pessoas de diferentes áreas trabalharem juntas em busca de um resultado comum. Com isso, Talita ainda desenvolveu suas habilidades de liderança de equipe, apesar de não ter ainda um cargo formal de liderança.

A menina de medianas notas acadêmicas, que entrou na indústria sem conhecimento setorial prático, amadureceu e construiu um excelente início de carreira, adquirindo merecida visibilidade e se transformando em um talento da companhia.

A etimologia da palavra "talento" vem do latim *talentum* que significa "inclinação, desejo de fazer, de conquistar". Convenhamos, isso é diferente de ter muitos diplomas, ter feito intercâmbio, cursado a melhor universidade, ter histórico de melhores notas ou dominar diferentes idiomas. Ser um talento é justamente ter o desejo de fazer, de conquistar, ter habilidade para reunir os recursos necessários, conectar e engajar pessoas, é ser capaz de transformar ideias em oportunidades, sonhos em resultados.

Ao observarmos a população de profissionais em qualquer empresa, encontraremos diferentes níveis de performance. Veremos os talentos, *high performers*, que são as estrelas da companhia. Em outro extremo, os profissionais de baixa performance, conhecidos como *non performers* ou *below average performers*, representados por profissionais que estão entregando abaixo do esperado. Finalmente, a maioria, que são os *average performers*, aqueles que desempenham suas atividades suficientemente bem.

A distribuição dos níveis de performance vista sob um olhar estatístico, converge para a conhecida "distribuição normal" ou "distribuição de Gauss", em referência ao modelo estatístico do alemão Carl Friedrich Gauss, com uma curva que justifica nossa atenção.

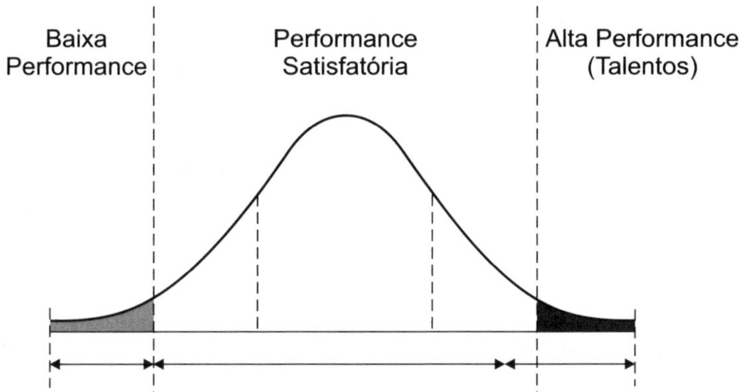

Figura 10 - Representação da Distribuição de Gauss para População de uma Organização.
Fonte: elaborado por João Gonçalves.

Ao olhar para a sua população de talentos ou *high performers*, a empresa sabe que ali estão alocados profissionais de boa formação, capacidade de resolução de problemas, inteligência emocional, bom relacionamento, potencial de crescimento e, em última análise, sabe que agregam valor. Por isso, usam estratégias sedutoras de retenção, preocupam-se em mantê-los motivados e gerando resultados. Isso significa que receberão méritos, reconhecimento, recompensa, que terão oportunidades em cursos de formação complementar e experiências internacionais, sem contar a maior propensão à promoção e ao desenvolvimento.

Sim, apesar de ser maravilhoso estar nesse seleto grupo de talentos, estatisticamente é privilégio da minoria. Contudo, para aqueles que estão, principalmente, dentre os *average performes*, é possível trabalhar com foco e direção para buscar o "lugar ao sol".

Como a obra se dedica a orientar o profissional rumo à alta performance e ao sucesso na carreira, é importante entender que tudo começa por saber as "regras do jogo" da empresa em que atua.

Proponho olharmos as sugestões e os *insights* com atenção, para que você possa se desenvolver e se posicionar no hall de talentos de alto potencial, o que há de trazer mais oportunidades de carreira e reconhecimento, se isso estiver alinhado com os seus objetivos.

Programa de talentos: há empresas que possuem programas estruturados e focados em gestão de talentos, com pré-requisitos para se tornar denominadamente um talento, como ter avaliações de performance acima da média, desenvolver projetos com resultados expressivos, receber algum tipo de indicação de outro profissional sênior, estar aberto a movimentações de carreira. O importante é entender como a empresa em que você atua gere os talentos ou profissionais de alto desempenho, entender as regras, os critérios e, se isso estiver alinhado aos seus objetivos para crescimento profissional e desenvolvimento de carreira, preparar-se para atender os requisitos e estar no grupo.

Por outro lado, há empresas que não possuem programas de tal natureza e, neste caso, é igualmente importante que faça a sua parte para estar entre os profissionais de maior destaque, que terão maior visibilidade, reconhecimento e oportunidades. Ou seja, se a empresa não tem programa que coloque holofotes de ascensão em sua carreira, coloque em si, posicione-se bem.

Fazendo um pequeno *spoiler*, lá na frente investigaremos "os segredos da promoção", uma abordagem mais específica e detalhada de como trilhar tal caminho em diferentes contextos. Por enquanto, vamos investigar outros recursos também indispensáveis.

Avaliações anuais de performance: as pessoas, numa empresa, mudam. Você terá diferentes gestores, pares e liderados. Ciente disso, uma maneira de a empresa manter um histórico sobre quem é você, dá-se através dos registros que você e seu gestor constroem, ano após ano, das conquistas, das entregas e do seu desenvolvimento.

Cada empresa tem um protocolo padrão, seja através dos planos de desenvolvimento individual ou dos programas de gerenciamento, seja de performance, metas ou desenvolvimento.

Muitos profissionais ainda tratam tais protocolos de avaliação anual de performance com descaso, sem a devida atenção, ignorando que são úteis e compõem um *book* de informações importantes sobre o colaborador.

Portanto, a recomendação é que dedique mais tempo e atenção ao seu plano de desenvolvimento, tanto para executar o que foi planejado quanto para registrar em detalhes tudo o que foi feito, pois isso poderá ser um diferencial, contando pontos a seu favor em diferentes circunstâncias.

Projetos corporativos: o talento, quase sempre, está preocupado em fazer e mostrar mais do que aquilo que consta em suas atribuições essenciais. Afinal, esse profissional deseja ter visibilidade, por saber que depende dela para ter maiores oportunidades de crescimento.

Uma maneira inteligente de conseguir isso é ampliando o horizonte de atuação com projetos que envolvam áreas distintas, profissionais em diferentes níveis e funções, ganhando musculatura corporativa, entendendo mais a fundo a perspectiva de outros departamentos e os problemas das demais áreas, além de conhecer outros líderes e construir alianças duradouras.

4.4. FOQUE NOS SEUS PONTOS FORTES

A terceira dimensão se concentra em ajudar o profissional a construir credibilidade e ganhar visibilidade diante da empresa, o que o leva a destacar-se e ser reconhecido. Por isso, começo com uma crucial pergunta:

Saberia dizer o que vai promover você?

A resposta a esta provocação pode ser mais ampla e diversa do que se supõe e mergulharemos nesse universo com mais profundidade a partir do próximo capítulo. Por enquanto, quero restringir apenas às possibilidades em torno do tema "pontos fortes x pontos fracos".

Certa vez, conversando com um colega de profissão que atuava em outra companhia, falávamos de temas variados, como oportunidades, movimentação de carreira e desenvolvimento.

Caio, que atuava como engenheiro de produção em uma boa empresa do ramo *offshore*, disse sentir-se estagnado, patinando na carreira. Relatou que apesar de permanecer há anos na mesma posição e de ter realizado trabalhos que trouxeram bons resultados, perante a sua liderança, parecia sempre distante do ponto certo para receber um mérito.

Fiz uma pergunta a Caio.

— Do ponto de vista de desenvolvimento, como desenhou seu plano quanto ao aspecto das competências técnicas e comportamentais, para que possa levar sua carreira ao próximo nível?

— Bem, anualmente faço o meu PDI (plano de desenvolvimento individual), momento em que eu e meu gestor traçamos estratégias para que possa me desenvolver no exercício seguinte.

— E como é esse plano? Pode dar alguns detalhes? — insisti.

— João, apesar de formado em exatas, gosto mesmo é de trabalhar com pessoas. Sou bom em escutar, ajudar a resolver problemas, engajar pessoas, coordenar projetos, conduzir apresentações, essas coisas. Mas, no PDI, o meu gerente, que é um engenheiro bastante técnico, sempre diz que preciso me desenvolver tecnicamente, conhecer mais dos equipamentos, planilhar indicadores, medir a performance dos equipamentos, simular novas condições para os processos. Ano após ano, tenho este ***input*** do gestor, para me desenvolver mais tecnicamente, totalmente contra a minha aptidão.

Escutei atentamente e me posicionei.

— Caio, não sou tão fã de futebol quanto você, mas ambos sabemos que Lionel Messi é um dos melhores jogadores de todos os tempos. Imagine se o Messi, nos anos em que atuou no Barcelona, tivesse feito o PDI com o seu gestor. Provavelmente, ano após ano, o seu gestor daria a Messi o ***input*** de melhorar a atuação nas regiões em que tivesse menos talento, como a defesa, o meio campo ou até como goleiro, mas não no ataque, posição em que Messi já era bom. Se assim fosse, Messi não teria ido tão longe na carreira. Faz sentido?

Apesar do exagero no exemplo, é o que acontece em muitos planos de desenvolvimento, com líderes e liderados inserindo foco no lugar errado.

— Sim, faz sentido — concordou Caio, um pouco sem jeito.

Resolvi complementar.

— Lamentavelmente, por meio dos PDIs, vários gestores olham as atribuições e expectativas "deles" para aquelas posições, sendo que cada profissional tem aptidões distintas e suas competências devem ser trabalhadas, desenvolvidas para que desempenhem bem as suas funções, sem deixar de lado aquilo que traz a possibilidade de crescimento para o liderado. Então, acho importante olhar para o desenvolvimento e aprimoramento dos seus pontos fortes, pois é isso que fará você avançar em um ou outro caminho.

— Mas e os pontos fracos, você acha que devo desprezar? — perguntou Caio.

— Não. Mas a atenção a ser dada no desenvolvimento e melhoria dos seus pontos fracos deve ser apenas o suficiente para que não te impeçam de avançar ao próximo nível, para evoluir na carreira. Porém, em nenhuma hipótese, deveria ser o foco de um ano inteiro, dada a aptidão que você **sabe** que possui.

Caio colocou em prática o que conversamos e tempos depois, felizmente, conseguiu os resultados que desejava. Em síntese, convido você a revisitar o último ou o mais atual plano de desenvolvimento individual, feito na empresa em que atua.

Considerando que existem diferentes nomes para os planos de desenvolvimento em cada empresa, provavelmente você encontrará algo com propósito similar. Então, analise se o seu plano foi feito com ações que potencializam seus pontos fortes, ou se apenas melhoram seus *gaps*, seus pontos frágeis.

Se Caio tivesse focado todo o esforço, dedicando máxima energia a desenvolver competências como liderança, pessoas, coordenação de projetos, com certeza teria se tornado um bom líder bem antes da nossa conversa, avançado na carreira em vez de sentir-se estagnado.

Quase sempre as aptidões e os pontos fortes dizem muito sobre o caminho a ser seguido na carreira, então esteja atento e foque naquilo que dá maiores chances de se destacar, assim como Lionel Messi.

4.5. OS SEGREDOS DA PROMOÇÃO

Mesmo após entender os pilares da tríade de sucesso no mundo dos negócios — autogestão, gestão estratégica dos relacionamentos, a relação entre o profissional e a empresa —, é preciso algo mais:

mostrar que você é bom, diferenciado, que precisa ser valorizado e mais do que isso, que merece prioridade para ser promovido, reconhecido, destacado, recompensado.

Mesmo que tenha ou desenvolva todos os atributos abordados até aqui, e mesmo que seja tido como um talento pela empresa, espero que este capítulo seja um divisor de águas para saber como buscar e alcançar a sua promoção. Mesmo que já seja talento, *high performer*, espero mostrar que é necessário atuar em favor do seu crescimento, gerando ações, adotando estratégias para que o reconhecimento e as promoções se concretizem e não fiquem apenas no campo das eternas promessas. Mais uma vez, devemos ter papel ativo, protagonista, com atitudes positivas para atrair o reconhecimento, em vez de esperar que "um dia" a empresa ou a liderança reconhecerá, promoverá e cuidará da sua carreira. Vamos mergulhar em outro exemplo e entender melhor.

Aline, profissional incrível, empenhava-se em gerir suas entregas, cumpria prazos com alta qualidade, era bem relacionada, articulada e avaliada.

Conhecida por ir além em suas execuções, era flexível e *hands on*. Suas sessões de *feedback* com a líder costumavam ser repletas de "continue assim, você está no caminho certo" e "é só questão de tempo" do que de *feedbacks* de correção.

Aline era madura, competente, performava acima da média e tinha inquestionável potencial de crescimento.

Há três anos como analista júnior, sentia já ter "passado da hora" de avançar de faixa e receber uma promoção.

O reconhecimento não vinha e não sabia o que fazer para tê-lo. Nas duas últimas avaliações semestrais de desempenho, perguntou à superior sobre a promoção, mas a resposta continuava imprecisa, evasiva.

Certo dia, recebeu uma mensagem no LinkedIn, convidando-a para uma posição de analista pleno em outra empresa. Mesmo insegura, começou o processo seletivo e dois meses depois, entre uma e outra etapa, teve a feliz notícia de que fora a candidata selecionada. Era chegada a hora de comunicar sua saída.

A gestora ficou paralisada, estática, incrédula ao saber que Aline pedia o seu desligamento. O setor de recursos humanos questionou a gestora por manter Aline tanto tempo na posição, sem um avanço de faixa ou mérito sequer.

Com receio de perder a profissional, a empresa propôs a promoção para analista pleno. Agora, já segura de si, Aline declinou, mantendo a posição firme, dizendo que estava de cabeça feita para a nova jornada.

Uma semana se passou e Aline estava de saída. Ainda assim, foi novamente chamada a conversar, dessa vez com a sua diretora, que fez uma contra proposta ainda mais irresistível, tal que fez Aline refletir e, logo em seguida, aceitar.

Quantas vezes você, caro profissional, já viu um filme semelhante?

Quantas vezes você já questionou esta regra do jogo, em que a empresa precisa ouvir um pedido de demissão para que a ação tenha uma reação e, afinal, a organização perceba ter falhado?

Pois bem. Ainda é recorrente. Na maioria das vezes, prevalece a subjetividade à objetividade, faltando critérios claros, técnicos e definidos para um reajuste salarial, um bônus, uma promoção.

Por um lado, sofre o profissional em absoluta frustração. Por outro, perde a empresa que precisa começar todo o processo de seleção, recrutamento, contratação, treinamento e retenção.

Dado o exemplo de Aline, vamos em frente. Você chegou até aqui, estudou bastante e agradeço pela dedicação!

Quero mostrar que há caminhos preparatórios para conversar sobre promoção com os seus líderes, caminhos que geram segurança para pleitear promoção e mérito, caminhos que podem anteceder ou evitar a busca por outra oportunidade no mercado.

Evidentemente, é preciso deixar claro que cada caso é único. Você, profissional, que vive a sua realidade, deve ser capaz de avaliar se a soma dos pontos positivos da atual empresa, bem como o contexto profissional que vivencia, sobressai à soma dos pontos negativos.

Em caso positivo, poderia valer o esforço de percorrer os caminhos que vou compartilhar. Mas, se a soma dos pontos negativos for predominante e você estiver sem perspectivas, ou envolvido em situações complexas, poucas opções podem parecer tão atraentes quanto a de olhar para fora da empresa, além do “aquário profissional” que talvez te impeça de enxergar o restante do oceano.

Assim, conduzirei você por cinco etapas que ajudarão a pensar de maneira clara, estruturada, pragmática e ter subsídios consistentes para perseguir o tão esperado reconhecimento:

- saiba quanto você custa;
- gere valor;
- saiba o valor você gera;
- mostre seu valor;
- agindo para ser promovido.

Por mais que cada empresa tenha os próprios caminhos e regras exclusivos do jogo, essas orientações permitirão conversas profissionais maduras e racionais, abrindo espaço a pautas como pedido de aumento, reconhecimento e promoção.

4.5.1. Saiba quanto você custa

No início da carreira no mundo corporativo, tive a chance de viver uma experiência como *trainee* numa grande empresa, e já citei alguns detalhes, provavelmente você se recorda. Desta vez, quero trazer outra abordagem do período.

Muitas empresas oferecem programas de *trainees* ou de estágios que, além de bem estruturados, proporcionam aprendizagem, desenvolvimento e integração com a cultura organizacional. Por via de regra, são programas que começam com alto investimento no profissional, antes mesmo que a empresa veja qualquer resultado.

Utilizando como exemplo os programas de *trainees*, somente a etapa de recrutamento e seleção já se mostra um investimento importante.

Somado a isso, os profissionais passam por treinamentos, cursos, viagens, imersões, dentre outras ações de desenvolvimento custeadas pela empresa, em prol dos que ingressaram nos programas.

Nessa fase da carreira, numa conversa com outro colega mais sênior, escutei a pergunta que me colocou a pensar.

— João, você está recebendo treinamentos, desenvolvendo-se, fazendo viagens para conhecer outras unidades. Além disso, tem as despesas com o seu salário, para manter você aqui. Você por acaso sabe quanto custa a sua posição para a empresa?

O argumento do colega não parou por aí e veio acompanhado de outra indagação.

— João, não é só isso. Sabe quanto você precisa gerar de resultado, para que a empresa queira e possa te manter?

Naquele instante, confesso que achei as indagações um tanto provocativas e ecoaram na mente por dias, formando outras perguntas íntimas.

Qual era o objetivo das perguntas?
O que ele queria dizer com aquilo?

O fato é que a pergunta fazia todo sentido. Enquanto profissional jovem em início de carreira, imaginava que recebia o investimento todo por parte da companhia e supunha que deveria ser sim capaz de gerar muito mais resultado à empresa do que a empresa investia em mim. Afinal, a finalidade de qualquer empresa é ser lucrativa aos seus controladores, além de atender os clientes e gerar empregabilidade.

A provocação foi um grande gatilho para que o *mindset* profissional, dali em diante, se ajustasse, proporcionando clareza para formar um dos meus objetivos permanentes, a capacidade de trazer mais valor à empresa para a qual estivesse trabalhando, do que o custo que a empresa teria ao me contratar, manter e reter.

A partir do questionamento, o primeiro passo foi entender e estimar o custo que a empresa tinha comigo naquela posição, desde remuneração, impostos, bonificações, ao oferecer os treinamentos e a oportunidade de me desenvolver.

Para te auxiliar neste exercício, faço referência a um estudo realizado pelo Centro de Microeconomia aplicada (C-Micro) da Fundação Getúlio Vargas, em parceria com a Confederação Nacional da Indústria (CNI). Este estudo apontou que o custo de um trabalhador para a empresa pode corresponder a 2,83 vezes o valor do salário registrado em carteira. Obviamente, isso pode variar com a região, área de atuação, tipo de empresa, política de benefícios, entre outros fatores. Porém, como exercício, pode ser considerado para que tenha um norte de quanto você pode custar para empresa para a qual trabalha.

Se você perguntar qual foi o meu aprendizado ou o sentido de pensar e agir assim, a resposta é que serviu como incentivo para buscar, através do meu trabalho, gerar mais resultado e mostrar que seria capaz de criar maior valor à empresa do que ela investiria em mim.

Diante dessa exemplificação, volto a perguntar: você acha que o seu trabalho é qualificado para gerar receita, de forma que a empresa pague ao menos o custo que ela tem com você?

Se a resposta for "não", não cobre!

Neste caso, aí vai um sinal de alerta, pois você precisará buscar maneiras de agregar mais valor à empresa com o seu trabalho.

Se a resposta for "sim", continue nesse caminho e potencialize, busque meios de gerar ainda mais resultado e retorno, não só para perpetuar-se, mas para destacar-se entre os melhores, os que serão promovidos e se desenvolverão na companhia.

Diria que esta é apenas a ponta do iceberg, ou seja, o momento que você apenas começa a refletir para ter ideia se a empresa realmente precisa de você ou não. Logo, se a empresa precisa de você para aquele trabalho ou se poderia contar com outro profissional que tivesse menor custo e fosse capaz de entregar no mesmo nível.

Uma vez entendido que a conta deve fechar no final do dia, você passa a se sentir até mais estimulado a buscar formas de se fazer valer, de se pagar.

4.5.2. Gere valor

A graduação em engenharia me ensinou importantes preceitos que trago desde então como fundamentos da carreira. Atuando em diferentes áreas, pude ver ainda que tais preceitos eram requisitos de profissionais que se tornaram bem-sucedidos em qualquer área de atuação.

Durante a graduação, o contato com diferentes mestres foi marcante. Lembro-me de um deles que trazia o seu lema em todas as aulas: "engenheiro é pago para resolver problemas".

Outro mestre dizia: "o engenheiro deve sempre pensar numa forma de melhorar o que já existe".

Um terceiro professor, taxativo, apresentava sua crença: "o bom engenheiro é capaz de fazer mais com menos".

Com o tempo, pude entender que todos esses mestres queriam passar a mesma mensagem, com diferentes expressões: "gere valor para a empresa em que estiver".

São preceitos que independem de formação, área de atuação ou posição. O bom profissional deve estar constantemente atento para buscar oportunidades e resolver problemas, encontrando maneiras de melhorar o que já existe (produtos, serviços, processos, procedimentos, inovações, transformações), otimizando recursos e trazendo lucro para a empresa.

Consequentemente, ao gerar valor à companhia, você também cria possibilidades de destacar-se, de ser visto como diferenciado, de construir uma boa relação com a empresa, pavimentando a estrada e a jornada profissional.

Lembre-se do que destaquei e argumentei para o sucesso profissional, há alguns capítulos: sendo capaz de realizar bons trabalhos e demonstrar que agrega valor ao negócio, reúne-se o maior arsenal para construir sua reputação.

Quando pleiteia promoção ou reconhecimento, o caminho ideal é "eu já fiz esse trabalho que gerou tal resultado, aquele outro e mais este", o que é bem diferente de requerer mérito utilizando discursos "sou bom nisso", "tenho potencial", "sou comprometido", "gosto de desafios".

Para a empresa, provas concretas e bons exemplos de trabalhos marcados por resultados mensuráveis são mais relevantes do que "um suposto potencial". Compreende a diferença?

Eis o grande "pulo do gato" para compor o seu arsenal argumentativo, reunindo máxima preparação e subsídios para conversar com e sobre reconhecimento.

O profissional mediano costuma apenas fazer o trabalho para o qual é pago. Já o diferenciado, o talento, sempre entrega maior valor, pois é dotado de sensibilidade para entender que primeiro deve mostrar valor para depois ser reconhecido e promovido pela empresa.

Bem, mas pensando assim, como agregar valor além das expectativas?

Cada profissional, função e tarefa desempenhados no dia a dia, praticamente tudo o que envolve pessoas numa empresa, tem meios de aprimoramento. Na prática, significa que há muitas possibilidades de gerar ganhos sob diversos formatos para quem nos contrata. Vejamos exemplos:

- **Seja mais produtivo** ⇒ além de aumentar a capacidade de organização e entrega, de otimizar o seu tempo e dos demais profissionais, consequentemente abre tempo para dedicar mais atenção para melhorar cada circunstância: procedimentos, processos, problemas, perdas, desvios, suporte etc.;
- **Melhore processos** ⇒ quando o profissional executa um trabalho por certo tempo, tende a descobrir atalhos, entender melhores caminhos e com isso, vai melhorando os processos. A empresa se beneficia disso de maneira micro. Para que exista benefício macro, a melhoria dos processos deve ser partilhada, para que outros colegas também possam transformar melhoria individual em melhoria sistêmica (formação de *case*);
- **Solucione problemas** ⇒ numa empresa, qual área é isenta de problemas? É comum que os profissionais se adaptem a dificuldades e sejam capazes de conviver com elas. Contudo, "há as batalhas certas para entrar". Comece por entender quais os maiores problemas da área em que trabalha. Perceba se há algo que esteja causando retrabalho, perda de tempo ou materiais, desperdício, atrasos, má qualidade, desvios. Veja o que conseguiria resolver ou ajudar a resolver para agregar valor.
- **Conecte os pontos** ⇒ você já reparou que muitos trabalhos de consultoria externa são realizados por profissionais que podem estar fora daquela área, ou ter menos conhecimento e informação sobre o negócio do que os próprios colaboradores da empresa, e que ainda assim, trazem resultados significativos? Nesses casos, em geral os consultores são extremamente hábeis em entender as "dores" de cada área,

unir os pontos para que os problemas sejam resolvidos e os processos, melhorados. É realmente necessário ter talento para fazer com que diferentes áreas interajam e melhorias aconteçam. Por isso, lembre-se que há muitas oportunidades em uma empresa, e os profissionais dotados de capacidade para conectar pontos podem trazer importantes resultados.

Obviamente, venho dividindo exemplos um tanto quanto genéricos. Como há um universo muito amplo de profissões, empresas, cargos, nem seria viável entrar em detalhes e falar mais em específico sobre os tipos de melhorias possíveis a cada contexto.

Meu objetivo com as exemplificações é encorajar reflexões diárias, procurando responder o crucial:

Como posso fazer isso mais rápido?
Como posso utilizar menos recursos para esta atividade?
Como evitar perdas ou retrabalho na minha atividade?
Como posso melhorar cada processo, atividade e entrega que faço no cotidiano?

Se você perguntar qual seria a periodicidade ideal para investigar essas perguntas e respostas, eu diria que é o exercício diário. Tendo essa análise crítica, começarão a vir ideias de como impor velocidade, otimizar e melhorar.

Até aqui, falamos basicamente sobre a mudança de *mindset*, para que seja um profissional diferenciado. A mudança passa pelo estágio de entender que precisa gerar mais lucro do que o custo que a empresa tem com você.

Passa ainda pelo entendimento de que você deve ir além do simples cumprimento da sua atividade-fim (vide descrição de cargo) e deve buscar contribuir de outras formas, trazendo mais produtividade na função, gerando redução de custos, realizando melhoria de processos, ou através de redução de retrabalho e perdas, constituindo assim mais *savings* e resultados para a empresa. Por fim, é necessário que isso seja combinado com outros dois elementos muito, mas muito importantes, que são: mensurar os *gains* e *speak up*.

Ora, não basta agregar valor. Você precisará ainda mensurar (quando possível) e mostrar o seu valor, tema que ainda estudaremos.

4.5.3. Apure resultados

Toda vez que o profissional produz um trabalho que traz resultado positivo para a empresa e agrega valor, de alguma forma o resultado deve ser "apurado". A escolha do termo não é à toa. Dada à formação de engenheiro, fui forjado a transformar trabalhos em resultados mensuráveis, ganhos, economias, redução de desperdícios. Ou seja, quase sempre o resultado precisava ser quantificado.

No entanto, a experiência mostrou que agregar valor ocorre tanto por meio de resultados que podem ser mensurados quanto por resultados cujo benefício é intangível, difícil de ser medido e quantificado.

Nem por isso, iniciativas intangíveis são menores ou menos importantes que os trabalhos mensuráveis. Por esse motivo, reforço a importância da apuração de resultados de quaisquer trabalhos, mensuráveis ou não.

Amanda, profissional de Recursos Humanos em uma empresa multinacional alemã, durante oito anos adquiriu boa bagagem em diferentes áreas, como recrutamento e seleção, treinamento e desenvolvimento. Em seguida, assumiu uma nova posição como parceira de RH em algumas unidades de negócio.

Convidada a liderar um projeto da empresa intitulado *You Lead* (Você lidera), mergulhou de cabeça nessa proposta trazida pela nova gestão após a troca de CEO. O objetivo do projeto era bem claro: incentivar os colaboradores ao protagonismo de suas posições, em vez da postura passiva de apenas receber ordens.

Amanda criou uma equipe multidisciplinar para apoiá-la, com profissionais em diferentes níveis, posições, líderes e liderados.

Após algumas reuniões, surgiram ótimas iniciativas como rodas de conversa, palestras, *workshops* e até uma dinâmica de gamificação utilizada para promover o projeto *You Lead*.

Não tardou e a liderança notou que o *momentum* tinha sido criado. Amanda conseguiu excelente engajamento da maioria dos colaboradores. A liderança entendeu e apoiou a iniciativa.

Com o passar dos meses, percebeu-se que os liderados estavam de fato mais atuantes, engajados e donos de suas responsabilidades. O projeto já poderia ser considerado um sucesso.

Amanda se dedicou muito, aprendeu, desenvolveu-se, liderou, conectou pontos, pessoas e áreas. Fez acontecer, enfim.

Ninguém na empresa ousaria duvidar que Amanda cresceu muito com a liderança do projeto. Pois bem, qual foi o resultado do projeto na prática? O valor gerado foi algo tangível ou intangível?

Definitivamente, o projeto gerou resultados expressivos, valiosos, necessários e sim, imensuráveis.

Estamos falando da subjetiva melhoria de clima, do aumento do engajamento e da sensação de pertencimento que, por sua vez, aumenta a motivação, a partir da qual se derivam incalculáveis resultados.

O importante é perceber, com exemplo, que o projeto liderado por Amanda agregou valor à empresa, mesmo que de maneira intangível.

Ter liderado e mostrar-se capaz de descrever os benefícios que o projeto intangível trouxe para a organização será muito importante para Amanda, pois conseguirá demonstrar que se desenvolveu e gerou resultados, importante diferencial competitivo diante de uma possível movimentação interna ou um reconhecimento.

Percebe-se, portanto, que tão importante quanto a apuração de resultados transformados em números, são os trabalhos que geram melhorias, redução de perdas, de custos, aumento de performance, eficiência, dentre tantos outros.

Seja em áreas heterogêneas, como RH, marketing, comercial, compras, logística, engenharia, TI, ou qualquer uma, cada vez mais a gestão das empresas é capaz de implementar indicadores de performance para tornar mensurável ao máximo e, através disso, buscar melhorias nesses indicadores.

Sabendo disso, sempre que possível, utilize métricas a seu favor. Cada vez que desenvolver um trabalho, dentro ou fora da rotina ou da sua descrição de responsabilidades, tenha o zelo de mensurá-los, quando forem tangíveis ao descrevê-los detalhadamente quando forem intangíveis. Ao fazer isso, será capaz de criar subsídios para uma conversa sobre reconhecimento e promoção.

Diferentemente disso, se apenas tocar o seu trabalho, o seu dia a dia, participando de um projeto aqui, ali ou acolá, e quiser sentar-se com o gestor para falar de promoção sem subsídios concretos, palpáveis ou interpretáveis, será desperdício de tempo e energia para ambos.

Em resumo, quero mostrar de maneira direta e pragmática, como se preparar para ter conversas maduras, com argumentos fundamentados que dão segurança ao colocar o tema "promoção" sobre a mesa, na pauta de uma reunião com o seu líder, de modo profissional e objetivo.

4.5.4. Mostre seu valor

Até aqui, você já recebeu recursos, informações e técnicas para formar um conceito sobre os segredos da promoção. Sobretudo, teve contato com um caminho lógico e claro, através do qual poderá avançar.

Fica evidente que, longe de ser caminho único, o mundo dos negócios e o empreendedorismo são complexos, cheios de peculiaridades. No entanto, percorrer as etapas que venho apresentando, começando por saber quanto você custa, gerar valor, apurar o valor gerado e mostrar seu valor, traduz-se numa rota firme para transformar em realidade a pretensão de um reconhecimento ou uma promoção.

Tendo conhecimento de que outro aspecto extremamente relevante é desenvolver a arte de mostrar seu valor perante a empresa, cabe ainda aferir que é algo justo, é a coroação de algo muito maior, constituído em etapas anteriores, a partir da sua entrega de trabalhos que agregaram valor à companhia.

Ora, a relação do profissional com a empresa, que venho abordando na terceira dimensão, tem um elemento central: buscar meios para que você, profissional, tenha o seu valor devidamente reconhecido pela empresa, construindo boa reputação e credibilidade.

Mais ainda, que a reputação e a sua crível postura não se limite à visão do gestor apenas, mas que alcance outros níveis e permaneça no histórico, mesmo que o seu gestor mude de posição ou deixe a empresa.

É possível que em algum momento da carreira, você tenha se visto como Marcio, da contabilidade. Pense num cara "ponta firme", conhecedor, experiente.

Na empresa há quatorze anos, era o que mais tinha conhecimento departamental na contabilidade, que contava com nove colaboradores, dois coordenadores e um gerente. Marcio dominava todas as atividades, conhecia os processos, era quem treinava os novos colegas que chegavam, além de ser considerado o braço direito e esquerdo dos coordenadores e do gerente. Ele trabalhava, trabalhava e trabalhava, porém era mantido ali, estagnado.

Sempre pronto a colaborar e ceder seu tempo para ajudar a equipe, engatava uma entrega na outra sem parar.

Tinha feito excelentes trabalhos, principalmente por ocasião das mudanças nas regras contábeis que beneficiaram o negócio, instalando procedimentos e softwares que trouxeram agilidade e consistência. Contudo, Marcio focava em fazer e fazer, desatento quanto a mensurar e divulgar os resultados de seus trabalhos.

Aos olhos da empresa, Marcio era um profissional que cumpria atribuições, mas a liderança sênior não enxergava o protagonismo dele nas transformações pelas quais o setor de contabilidade passava. Em suma, Marcio não cumpria o mínimo empenho para demonstrar o seu valor profissional.

Em quaisquer segmentos, quantos e quantos "Marcios" podem ser vistos no mundo dos negócios?

São profissionais dedicados, comprometidos, que merecem méritos e promoções, mas pecam pela não valorização do próprio trabalho.

O valor que você possui para a companhia e a forma como é percebido, sem dúvida, é resultado direto da capacidade de divulgar seu trabalho, seus feitos, seus *achievements*.

Não se trata de divulgar o que você faz no seu dia a dia, simplesmente cumprindo o que está no *job description*. Estou falando de divulgar trabalhos, projetos que tenham partido de uma iniciativa própria ou de equipe, que seja algo mais do que as pessoas e a empresa esperam. E, nesta hora, bom senso é o que vai diferenciar um profissional talentoso do outro que apenas tenta se promover ou construir sua marca pessoal a qualquer custo.

Dentro e fora do mundo dos negócios, há pessoas conhecidas como *low profile* e *high profile*. As *low profile* são aquelas que apesar do feito, optam por não aparecer tanto, por atuarem mais discretamente nos bastidores, mais distantes dos holofotes. Para esse profissional, pode ser que o reconhecimento leve mais tempo, pois a organização tardará mais a perceber o seu valor. Pessoas com esse perfil devem buscar maneiras de valorizar e divulgar seu trabalho, pois há muito "diamante escondido" nas empresas do Brasil e do exterior que, por terem perfil mais *low profile*, acabam se mostrando menos do que merecem.

Bem diferentes são os *high profile*, pessoas cujo perfil já é chamar mais atenção, promovendo-se com maior facilidade. Tendem a ser bons em falar de si, a valorizar e construir a própria marca.

Para ambos os casos, há muitas formas de promover o trabalho e vou citar algumas para ajudar.

- **Compartilhar com a equipe:** é o primeiro e mais fácil nível, comum e imediato para dividir um bom resultado de trabalho com a equipe e a liderança direta, o que pode acontecer por e-mail, apresentação ou reunião. Neste caso, a repercussão tende a ficar represada dentro da célula, sem reverberar pela organização, ação que gera reconhecimento com potencial de trazer prêmios maiores.
- **Compartilhar com a liderança:** negocie com o seu gestor para que possa participar de uma reunião de liderança apenas para apresentar o seu trabalho, o resultado gerado, o seu *saving*. Mesmo se for uma participação parcial durante a reunião, já ajuda a projetar e aumentar seu reconhecimento junto à liderança geral da empresa, que passa a conhecer e observar seus feitos. Neste caso, tanto o seu gestor será bem visto pela iniciativa quanto você. Lembre-se que um gestor bom é aquele que, além de entregar bons resultados, também forma e revela talentos. Ou seja, ao trazer um trabalho bom o bastante para que seja apresentado num fórum como esse, numa reunião de liderança, colaborador e gestor são prestigiados.
- **Boca a boca:** muito se comunica no famoso boca a boca, naquele cafezinho com o colega de outro departamento, a conversa em companhia de alguém com quem já trabalhou, ou mesmo num happy hour. Agora, note um precioso detalhe: quando você comunica a alguém sobre a sua participação em determinado trabalho ou projeto notável que tenha feito, há uma forma assertiva de fazê-lo, especialmente se o objetivo é ter o seu valor percebido. Confira alguns exemplos:

Versão simples:

— Oi, João, soube da última? Estou à frente do projeto de ampliação da nova área de expedição.

Versão elástica:

— Oi, João, soube da última? Estou no projeto de ampliação da nova área de expedição. Vamos rever todas as linhas, instalar softwares de controle e melhorar o tempo de expedição da empresa. Prevemos uma redução no tempo atual de 20%, e com isso, podemos aumentar o faturamento da companhia em 30%.

Note que na segunda abordagem, o interlocutor aproveitou a interação para trazer mais informações que dão maior impressão de pertencimento à ação que gerará grande valor à companhia. Ademais, passa a ideia de grandeza, pois ele praticamente falou em nome da organização ao usar "(...) tempo de expedição da empresa" e "faturamento da companhia em (...)".

Isso faz com que o interlocutor associe, inconscientemente, o resultado gerado por aquele trabalho à capacidade do profissional que relatou o fato, no sentido de gerar valor para a empresa.

- **Área de comunicação:** para empresas maiores, que possuem um sistema de comunicação interna mais amplificada por *newsletter*, intranet ou *mailing*, essas opções são outra ferramenta potencial para divulgação de bons trabalhos e projetos. Ademais, quem conhece de perto uma área de comunicação sabe do empenho diário da área para trazer conteúdo e publicar, pois geralmente há pouco espaço para os destaques e pode haver cerca capilaridade, dificultando que o pessoal da comunicação acesse e divulgue todas as conquistas dos colaboradores.

- **Rede social corporativa:** atualmente, muitas empresas utilizam redes sociais corporativas, que promovem a geração de conteúdos de qualidade de maneira rápida e simples. Este é um canal aberto, acessível, que pode ser usado para divulgar algum trabalho legal.
- **Presença digital:** vivemos em um mundo irremediavelmente digital e conectado. Logo, assim como o profissional possui seu valor para a empresa, também o tem perante o mercado. Nesse sentido, cada vez mais o valor do profissional levará em conta sua presença e postura no meio digital. Portanto, tenha um bom perfil, agregue valor às outras pessoas através de colaboração, mantenha um linguajar polido, apropriado e use um tom profissional, respeitando as opiniões e a individualidade. Assim, utilize sua presença digital de maneira construtiva, colaborativa e cuide de sua *personal branding* (marca pessoal).

4.5.5. Agindo para obter uma promoção

Estamos diante da última etapa sugerida para que você tenha a possibilidade de obter mérito e promoção. A posição do argumento não é efeito de coincidência. Pelo contrário, o motivo pelo qual destaquei o tópico “agindo para obter uma promoção” na derradeira etapa é totalmente proposital, e explico: no empreendedorismo, no mundo dos negócios, liderança e empresa precisam, primeiramente, conhecer o profissional, saber da sua capacidade de entrega e da sua geração de valor, saber se é alguém que vai jogar junto durante todo o jogo, ou se está querendo apenas bater o pênalti e marcar o gol. Por isso, via de regra, primeiro o profissional deve mostrar o seu valor e, em consequência disso, a preparação para o possível mérito se inicia.

Os profissionais que percorrem esta trilha, em algum momento, sentirão a necessidade de dar aquele empurrãozinho para fazer as coisas acontecerem, saírem do lugar. Então, vamos nos preparar.

No exemplo de Aline, profissional de RH cujo exemplo compartilhei, a personagem reunia cada requisito para receber uma promoção. Mas, por bastante tempo, Aline "se contentou" apenas com os *feedbacks* e as sugestões que recebia: "continue assim, você está no caminho certo", "é só questão de tempo", ou "você está com a faca e o queijo na mão, é só esperar".

O que faltou a Aline, em sua aspiração pela promoção, foi protagonismo, posicionamento claro e firme, apresentar-se como parte interessada, marcar terreno e, claro, fazê-lo de forma profissional.

Por isso, quero trazer possíveis abordagens que você poderá utilizar. Lembre-se ainda que é importante, ao mesmo tempo, ter feito o "dever de casa", tal qual venho sugerindo ao longo das etapas apresentadas, que posso recapitular: saiba quanto você custa, gere valor, apure resultados, mostre seu valor. Agora sim, vamos em frente conhecer as abordagens.

Manifeste interesse: quando você é protagonista da carreira, como abordei na sessão "plano de carreira", é importantíssimo que, antes de qualquer coisa, comunique ao gestor e às pessoas estratégicas na organização sobre as expectativas de crescimento profissional, o que inclui comunicar sobre as possíveis posições em que teria interesse, as possíveis áreas e a expectativa de tempo que você idealiza. Para que uma promoção ou movimentação interna ocorra, o primeiro passo deve sempre ser dado por você, protagonista da sua história.

Entenda os critérios do gestor: o gestor imediato é a pessoa mais indicada para sua abordagem inicial dos temas reconhecimento e promoção. Todos sabem que há gestores mais abertos e receptivos para tais assuntos, e outros menos. Caberá a você buscar a melhor forma e o momento mais oportuno para apresentar o assunto, que afinal é de seu interesse. Pergunte claramente sobre como acontece o processo de promoção, quais os critérios o gestor e a empresa utilizam. Busque ter uma conversa aberta e esclarecedora. Atente-se ao fato de que esse tipo de conversa pode facilmente tornar-se subjetiva ou evasiva. Ciente disso, procure algo mais concreto, não deixe que a conversa termine sem que algum acordo seja feito.

Crie acordos: estratégia bastante poderosa, criar acordos fecha a lacuna de comunicação quando não há métricas definidas. A criação de acordos desperta e gera o mínimo de comprometimento do outro profissional para uma ação ou objetivo. Neste caso, seu objetivo é sua promoção, então imagine uma situação bastante comum. O gestor diz “não temos um critério definido, promovemos quando achamos que o profissional está pronto”. Aqui, você deverá se aprofundar: “Ótimo, o que eu preciso fazer para estar pronto? Quais competências técnicas ou comportamentais devo desenvolver? Que resultados preciso mostrar?”.

Com esta abordagem, minimamente você conseguirá evoluir a conversa com o gestor no sentido de determinar ações, metas de desenvolvimento ou resultados, para que chegue ao seu objetivo, formando comprometimento mútuo. Você pode, inclusive, sugerir ferramentas como o conceito SMART (*Specific, Measurable, Achievable, Realistic, Timely*). Em resumo, criar acordos ajuda saber em detalhes o que deve ser feito.

Conversa com recursos humanos: por ser uma área de gestão de pessoas, recursos humanos sempre traz uma visão importante e complementar à visão do gestor, por duas razões:

a. a área está alinhada às diretrizes da empresa para promoções, méritos, movimentações internas;
b. a área está em contato franco e direto com os gestores da companhia.

Atenção ao calendário: grande parte das empresas possui calendários de aprovação de orçamento para pessoas e, consequentemente, isso implica em prazos e calendários orçamentários para que o gestor contemple promoções, méritos, recompensas aos membros da equipe.

E qual é o impacto disso? Explico com uma exemplificação. Digamos que você fechou muito bem o ano e em janeiro, agenda uma conversa com o gestor para falar dos seus excelentes resultados no ano anterior e perguntar sobre uma possível promoção.

Seu gestor informa que no ano anterior, fez o orçamento de despesas com o time e afirma que lamentavelmente não contemplou uma promoção para você no ano seguinte. Com isso, você perde o *timing* e fica outro ano sem mérito.

A dica é utilizar a primeira conversa com o gestor ou com o RH para se informar sobre esse tipo de critério, contemplando o *timing* ao se preparar para uma conversa sobre o assunto.

Crie seu dossiê: quantos profissionais não levam dias e dias se preparando, criando coragem para uma conversa sobre promoção com o gestor? Sabe por quê? Geralmente, por não "reunir as provas".

A conversa com o gestor para falar de promoção é praticamente um *pitch* de vendas. Muitos profissionais pensam ser necessário convencer o gestor dos motivos pelos quais merecem aumento. Ora, saiba que isso está longe de ser efetivo.

Quando você é capaz de reunir todos os bons trabalhos que fez, os resultados e o valor que gerou para a empresa, isso fortalece sua posição e deixa o gestor em uma posição mais confortável para investir em sua causa. O gestor somente ficará do seu lado no pleito e defenderá seu aumento salarial se tiver subsídios e provas concretas que justifiquem. Portanto, criar o que eu chamo de dossiê ajuda no processo.

Claro, pense num formato organizado e apresentável, reflita e analise cada uma dessas abordagens que, juntas, são poderosas para facilitar mais assertividade e eficácia na busca do objetivo, seja promoção, mérito, aumento ou recompensa.

4.6. ARMADILHAS - CUIDADO!

4.6.1. Fui promovido. Pronto?

Que sensação boa ter o seu trabalho reconhecido, o seu esforço valorizado. Tudo o que fez até este momento, num piscar de olhos, parece ter finalmente valido a pena. Você sonhou, esperou muito pela promoção e depositou expectativas. Não só você, talvez até seus familiares, amigos e outras pessoas tenham sido impactadas para que você pudesse se dedicar, focar no objetivo. Você se desenvolveu, trabalhou as competências necessárias que a nova posição exigia, enfim, foi uma grande batalha. Mas veio o êxito.

Isso me faz lembrar a história de Samuel, novo gerente de produtos em uma empresa de *softwares*.

Samuel já somava treze anos na empresa, período em que exerceu três atividades, sempre demonstrando interesse pela posição recém-obtida.

Por já conhecer os produtos e ter atuado com assistência técnica frente ao cliente, pensou que seria muito tranquilo adaptar-se à nova posição. Ele não estava errado.

Na indústria de tecnologia, a velocidade das mudanças faz com que os profissionais também tenham que se manter atualizados. Além disso, a premissa do mundo dos negócios é bem parecida: em qualquer área, precisamos estar constantemente atualizados, desafiando-nos, buscando superação, aprimoramento, desenvolvimento, assim como um atleta de alta performance.

Samuel chegou aonde queria. Após meses de adaptação às novas atividades, inconscientemente diminuiu o ritmo, sentindo-se um pouco mais tranquilo, adaptado, no comando. Apenas queria ficar ali, naquela cadeira com a posição de gerente. Estava tudo ótimo. E, sem perceber, começava a ficar para trás, com a obsolescência profissional a caminho.

O que a história de Samuel ensina é que o sucesso do passado não garante o sucesso no futuro. Ele tinha desempenhado o máximo da alta performance para chegar ali, trabalhando forte, dedicando-se muito. Contudo, foi ingênuo ao pensar que todos os feitos do passado seriam suficientes para mantê-lo naquela posição. Mas não.

O mundo dos negócios é exigente assim, do comércio ao corporativo, do setor de serviços à indústria. O profissional que deseja se perpetuar, destacar-se, progredir, deve estar vigilante e em constante busca por aprimoramento, por novos desafios e desenvolvimento, trazendo novos resultados e maneiras de fazer aquilo que sempre fez, o que sintetiza o *mindset* de crescimento.

Em contrapartida, o profissional deve evitar o *mindset* fixo, de acomodação, conformismo, zona de conforto e estagnação, que é uma grande armadilha.

Os conceitos de *mindset* fixo e *mindset* de crescimento são muito bem abordados pela autora Carol S. Dweck em sua obra *Mindset*, cujo conceito central vai de encontro ao que espero transmitir nesta sessão, de que o sucesso do passado não avaliza nem garante o sucesso de amanhã, razão pela qual devemos sempre buscar mais.

4.6.2. Isso é "dinheiro de água"?

Adote cuidados, não é bem por aí. Vamos entender melhor...

Se você vem fazendo uma boa caminhada, construindo de forma sólida sua credibilidade, conectando-se a pessoas, esteja sempre atento às opiniões e aos posicionamentos que podem ir contra o que a maioria ali busca: garantir que a empresa seja lucrativa, pois apostas temerárias retratam o tipo de posicionamento que pode colocar tudo a perder.

A empresa que você trabalha é uma instituição que visa lucro. E não é um lucro qualquer, mas o máximo possível.

Os profissionais são condicionados a orientar todo o esforço e recursos para contribuir com o processo e garantir que a empresa seja lucrativa.

Há pessoas que, no entanto, acham que a empresa é uma instituição com recursos infinitos. O típico comentário "isso é dinheiro de água para a empresa" quase sempre é usado por pessoas que têm uma visão pequena do negócio ou uma visão financeira inadequada. É, sim, possível que, em algum caso específico, determinado investimento seja "dinheiro de água para empresa". Mas existe algo que você deve necessariamente conhecer.

Por ser uma instituição com recursos finitos, limitados, a empresa tem por obrigação gerenciar da melhor forma os seus recursos, para continuar gerando resultado e ser próspera. Isso quer dizer que ela deve cuidar do fluxo de caixa, estar atenta ao endividamento versus a capacidade de pagamento da dívida, deve monitorar o custo e a rotatividade dos seus estoques, bem como gerenciar prazos de pagamento dos clientes, dentre muitas outras medidas. Ou seja, a empresa precisa estar atenta a "onde e como" alocar o seu capital.

Se a empresa tiver vinte possíveis projetos no portfólio, por exemplo, e uma reserva de capital para implementar somente três, isso significa que terá de avaliar os mais rentáveis (que podem trazer maior retorno em menor tempo), ou os projetos mais estratégicos (que gerem diferencial competitivo, tecnológico ou que resolvam grande problema iminente).

O critério de escolha não será em favor dos projetos que possuem menor valor de investimento ou que poderão ser feitos "com dinheiro de água". Ao ouvir alguém dizer algo dessa natureza, seja proativo e aproveite para educar o profissional desavisado, que certamente tem visão pequena e imatura sobre o mundo dos negócios.

Por outro lado, pequenas demonstrações de respeito ao dinheiro da empresa trazem muitos bons resultados. Vou compartilhar uma história.

Em junho de 2019, novamente estava em uma das minhas viagens a trabalho pela América Latina, dessa vez, na Argentina.

Na ocasião, Bob (sempre nome fictício) me acompanhava, *head* de vendas para o segmento nas Américas Norte e Sul.

Bob era um diretor sênior, conhecia muita gente do mercado em que atuava há décadas em vários países.

Nós havíamos saído da região metropolitana da grande Buenos Aires em direção a um cliente que estava há pouco mais de uma hora de carro a noroeste da cidade.

Em certo trecho da estrada, o GPS perdeu a conexão e tive que seguir as placas. Mas, por conhecer pouco a estrada, acabei perdendo a entrada que estava logo após um pedágio. Tive que fazer o primeiro retorno à frente e, lamentavelmente, precisei passar mais uma vez pelo mesmo pedágio três minutos depois.

Fiquei descontente com aquilo. Afinal, além de ter horário certo para encontrar o cliente, estava em companhia do diretor. E, ainda, teria de passar e pagar novamente o mesmo pedágio.

Descontente com essa segunda cobrança, pedi ao cobrador se poderia reconsiderar, pois tinha acabado de passar ali minutos antes. Não gostaria de desperdiçar esse dinheiro em uma viagem a passeio, por exemplo, logo, também não gostaria que isso acontecesse em respeito aos recursos da empresa. O cobrador não tinha autonomia para liberar a nova passagem e chamou seu supervisor. Enquanto isso, eu explicava ao diretor que estava conversando com o cobrador para evitar pagar novamente o pedágio. Finalmente, o supervisor da praça de pedágios veio e liberou a passagem do carro, abrindo mão da segunda cobrança.

A viagem seguiu, visitamos o cliente, e outro cliente, e mais outro. No final da semana de negócios, ao se despedir de mim, já no aeroporto, o diretor Bob disse:

> — João, obrigado pela coordenação da semana, é sempre ótimo retornar à América Latina. E outra coisa: não consigo pensar em alguém que teria insistido tanto como você fez para economizar alguns pesos (moeda Argentina) para a empresa (todas as despesas de viagem são reembolsadas). Bob sorriu e virou-se para o embarque.

O tempo passou e, alguns meses à frente, Bob aceitou uma proposta de outra grande empresa multinacional e acabou deixando a companhia. Ainda mantínhamos contato, pois após inúmeras viagens juntos, ficamos muito próximos. Em uma visita de Bob ao Brasil, ele me contatou dizendo que queria me encontrar.

Na nova empresa, Bob continuava responsável pela América Latina e por isso seguia visitando clientes na região. Combinamos um jantar e marcamos num restaurante no Shopping Morumbi, em São Paulo.

Bob, sempre gentil e interessado pelos assuntos das pessoas, até mais do que os temas profissionais, quis saber como eu estava, minha família, os negócios e minha carreira.

Não demorou para Bob começar a relembrar das histórias de viagens, e uma das que mais o marcou foi a ocasião que evitei pagar duas vezes o pedágio, após ter perdido uma entrada na estrada, a caminho de um cliente, na Argentina. Disse ele:

> — João, estou criando uma posição nova no Brasil, e gostaria muito que aceitasse trabalhar comigo novamente para montarmos um time forte por aqui. Sei dos seus valores e alguém que, como você, defende desperdiçar alguns pesos argentinos, certamente seguirá comprometido em garantir a rentabilidade e crescimento do negócio na região.

Seguimos o papo naquela noite, porém nossos caminhos e escolhas profissionais não se cruzaram novamente.

A mensagem, contudo, ficou: sempre que você faz um comentário ou tem uma postura em relação ao dinheiro da empresa onde trabalha, haverá pessoas por perto, observando.

A diferença é que se você tiver uma postura inadequada, como dizer que uma quantia pequena é "dinheiro de água para a empresa", vai pesar negativamente.

Por outro lado, agindo corretamente despertará olhares atentos e ganhará credibilidade. Cedo ou tarde, será reconhecido.

Se você vem fazendo uma boa caminhada, construindo de forma sólida sua credibilidade, conectando-se a pessoas, esteja sempre atento às opiniões e aos posicionamentos que podem ir contra o que a maioria ali busca: garantir que a empresa seja lucrativa, pois apostas temerárias retratam o tipo de posicionamento que pode colocar tudo a perder.

A empresa que você trabalha é uma instituição que visa lucro. E não é um lucro qualquer, mas o máximo possível.

Os profissionais são condicionados a orientar todo o esforço e recursos para contribuir com o processo e garantir que a empresa seja lucrativa.

Há pessoas que, no entanto, acham que a empresa é uma instituição com recursos infinitos. O típico comentário "isso é dinheiro de água para a empresa" quase sempre é usado por pessoas que têm uma visão pequena do negócio ou uma visão financeira inadequada. É, sim, possível que em algum caso específico determinado investimento seja de menor peso para a companhia, mas existe algo que você deve necessariamente conhecer.

Ao longo da carreira, vivenciei esse tipo de colocação vindo tanto de colaboradores quanto de líderes. O colaborador que assume tal posicionamento transmite aos colegas e líderes em sua fala, além de desinformação e imaturidade, um aspecto de falta de compromisso com o resultado que ele próprio se empenha para obter. Agora, quando um líder assim se posiciona, a situação pode ficar ainda mais grave, pois outros colaboradores podem sentir o descompromisso desse líder perante os recursos da companhia, perante o resultado que o líder e os demais se empenham para obter, além de influenciar negativamente outros que podem adotar o mesmo pensamento, as mesmas ações, visto que o líder é um formador natural de opinião.

O objetivo da breve explanação que ofereço é relembrar que a construção da credibilidade diante da empresa é uma grande maratona, como descrevi no decorrer da construção do livro que está diante de seus olhos. Basta um ou alguns momentos infelizes, basta o uso de uma comunicação inapropriada, para se jogar fora toda uma reputação que levou anos para ser construída.

É o tipo de posicionamento que se equipara ao que é observado em profissionais que propagam inverdades ou injustiças no ambiente de trabalho, contribuindo para um espaço tóxico. Por exemplo, aqueles que difamam os pares, a empresa, os gestores e até os concorrentes.

Por fim, incansavelmente reflita e confira se o seu processo de comunicação retrata um profissional maduro e diferenciado, que almeja progredir na carreira, alcançando posições cada vez mais altas. Aquilo que transmite em palavras, gestos, comportamentos e atitudes diz muito sobre você, portanto não deixe que desvios em sua comunicação sejam gatilhos para colocar tudo a perder.

4.7. REALIZAÇÃO PROFISSIONAL

O que é realização profissional para você?

Perguntando e investigando assim, de maneira "nua e crua", será que você sabe responder? Vamos investigar o tema.

Cada pessoa, cada profissional traz consigo uma história de vida marcada por sonhos, valores, crenças, frustrações e conquistas.

Todo indivíduo carrega perspectivas muito particulares, para não dizer "únicas", sobre o que é a realização profissional.

Num universo de possibilidades, realização profissional pode ser: atuar naquilo que gosta, trabalhar numa boa empresa, trabalhar numa grande empresa, ter chances para se desenvolver, ser bem remunerado, ter segurança, sentir-se desafiado, ter o suficiente para levar a vida que quer, ter equilíbrio entre a vida pessoal e a carreira, trabalhar viajando dentro e fora do país, aplicar aquilo que aprendeu num curso técnico ou na faculdade, trabalhar feliz, trabalhar com diferentes culturas, ajudar pessoas, fazer carreira, dentre tantas outras.

O empreendedorismo, o mundo corporativo e o mundo dos negócios, pela mais ampla contemplação possível, são ambientes que disponibilizam um caminho profissional através do qual muitos conseguem concretizar plenamente os seus requisitos de realização profissional. Felizmente, posso dizer que sou um desses. Em contrapartida, reconheço que atuar nesses espaços é um grande fardo para tantos semelhantes, pois esbarram em problemas recorrentes ou pertinentes, como sobrecarga de trabalho, dificuldade de relacionamento, falta de reconhecimento, sensação de não pertencimento e tantos outros que estudamos nestas centenas de páginas recém-absorvidas.

O mundo dos negócios, e creio que podemos admitir de forma unânime, não deixa de ser um caminho complexo, cercado de dificuldades, barreiras, problemas e desafios. Sei também que muitos não estão atuando por escolha, mas por falta de opção ou necessidade.

O livro foi escrito para todos vocês, tanto àqueles que estão satisfeitos e realizados profissionalmente quanto aos que buscam respostas e querem entender melhor os bastidores, os *players*, os mecanismos, as regras do jogo. O livro foi pensado também de modo a ajudar os que estão na incipiência dos negócios, começando a carreira, a apoiar os que estão aprendendo, buscando recolocação, procurando mudança, transição. E, claro, para estender a mão e trazer soluções aos que estão patinando, estagnados sem saber como dar o passo seguinte.

Desejo que tenha conseguido extrair ensinamentos, ferramentas, técnicas e estratégias. Desejo também que, em vez de posicionar a obra na prateleira, releia e aplique imediatamente o estudo, que tenha aprendido ao máximo, extraído *insights* e, principalmente, se inspirado para se desenvolver continuamente, a fim de ter a possibilidade de ascender na carreira, encontrar a sua realização profissional e, sobretudo, a sua realização como ser humano.

Deixo expressa a minha gratidão, pois tenho total ciência de que você precisou de considerável tempo para ler e absorver o extenso conteúdo que disponibilizei.

Se você é empreendedor ou gestor, líder ou liderado e deseja usar o livro como ferramenta de treinamento para o seu time, sinta-se à vontade e faça contato se perceber que o conteúdo desta obra pode agregar ainda mais valor ao desenvolvimento de sua equipe e de sua empresa.

Um cordial abraço,
João Gonçalves
corporativodescomplicado@gmail.com

5
REFERÊNCIAS BIBLIOGRÁFICAS

BAILEY, Chris. **The Productivity Project:** Accomplishing More by Managing Your Time, Attention, and Energy. Estados Unidos: Crown Business, 2016.

CUSTO do Trabalho no Brasil. **Relatório Final**, maio 2012. Disponível em: https://cmicro.fgv.br/sites/cmicro.fgv.br/files/file/Custo%20do%20Trabalho%20no%20Brasil%20-%20Relat%C3%B3rio%20Final(1).pdf.

DWECK, Carol S. **Mindset**: A nova psicologia do sucesso. Objetiva, 2017.

FERRAZ, Eduardo. **Seja a pessoa certa no lugar certo**: Saiba como escolher empregos, carreiras e profissões mais compatíveis com sua personalidade. São Paulo: Planeta Estratégia, 2019.

GLADWELL, Malcolm. **Outliers**: Descubra por que algumas pessoas têm sucesso e outras não. Rio de Janeiro: Sextante, 2008.

HILL, LINDA; LINEBACK, KENT. **THE THREE NETWORKS YOR NEED.** HARVARD BUSINESS REVIEW, 3 MAR. 2011. ACESSO EM: 13 MAIO 2023.

KAUFMAN, Josh. **Manual do CEO:** Um verdadeiro MBA para o gestor do século XXI. São Paulo: Saraiva, 2012.

KROEHNERT, Gary. **Domando o Tempo:** Como Devorar um Elefante. MANOLE, 2001.

LEITER, M.P.; MASLACH, C. **Banishing Burnout:** Six Strategies For Improving Your Relationship With Work. São Francisco: Jossey-Bass, 2005.

WATKINS, Michael. **Os Primeiros 90 Dias:** estratégias de sucesso para novos líderes. Rio de Janeiro: Alta Books, 2019.

6

SOBRE O AUTOR

João Gonçalves é marido de Maria Fernanda, pai de João Pedro e João Bento. Engenheiro Químico por formação, é eterno aprendiz das áreas de conhecimento que transcendem a engenharia, a exemplo de desenvolvimento pessoal, comunicação e alta performance, alicerces da obra. Por influência materna, sempre teve apreço pela educação, enquanto a influência paterna colaborou para que trilhasse e edificasse a carreira no mundo corporativo.

Sua trajetória teve início no ambiente industrial. Foi estagiário, trainee e engenheiro até ocupar a posição executiva como diretor de negócios, aos 37 anos, numa multinacional. Cursou MBA em Gestão e fez especialização. Empreendeu, intraempreendeu e liderou projetos, equipes globais e multiculturais.

Após anos na indústria, fez calculada transição para a carreira comercial e na jornada, responsável pela região da América Latina, vivenciou diversas culturas, relacionou-se com empresas de vários tamanhos e níveis de complexidade. Trabalhou com centenas de profissionais em âmbito regional e global. Tamanha bagagem creditou ao autor espaço de fala e reflexões descomplicadas sobre a carreira, dos obstáculos às soluções, do planejamento à ascensão.

Além de atuar como diretor de negócios, uniu experiência e influências para atuar com educação corporativa direcionada ao meio empresarial.

Com suas palestras e mentorias, tem ajudado profissionais, empresários e colaboradores, para que encontrem propósito e felicidade enquanto trilham um caminho de sucesso no mundo empresarial, corporativo, industrial e comercial. A publicação da obra visa ajudar ainda mais aqueles que buscam ascensão, transição, longevidade e autoridade na carreira.

ÍNDICE

P

Q

R

S

T

V

Este livro foi impresso nas oficinas gráficas da Editora Vozes Ltda.,
Rua Frei Luís, 100 – Petrópolis, RJ.